caroestranho

caroestranho
Você me escreve, eu faço o melhor que puder

LiteraCASA

1ª Edição
Lugar Estranho
2021

caroestranho
Você me escreve, eu faço o melhor que puder

Autor: caroestranho @caro_estranho
Coordenação editorial e revisão: Demetrios dos Santos Ferreira @demetriossf
Diagramação e capa: Toni C. @toni_c_literarua
Foto da capa: René Schindler por Pixbay @rene.schindler
Coordenação administrativa: Luciana Karla Macedo @lucianakarla.macedo

Produção e realização
caroestranho e **Litera**CASA
www.caroestranho.com | www.literacasa.com.br
caroestranho@gmail.com | nois@literarua.com.br

Obra em conformidade com o Acordo Ortográfico da Língua Portuguesa de 1990 em vigor no Brasil desde 2009.

ce

Dados Internacionais de Catalogação da Publicação (CIP)

E82   ESTRANHO, Caro

Caro Estranho - Você me escreve, eu faço o melhor que puder / Caro Estranho ; prefácio Chico Felitti ; coordenação editorial e revisão Demetrios dos Santos Ferreira ; capa e diagramação Toni C. ; foto da capa René Schindler por Pixbay ; coordenação administrativa Luciana Karla Macedo. – São Paulo : LiteraCASA, 2021.

166 p. ; 21 cm.

ISBN 978-65-86113-11-2

1. Literatura Brasileira. 2. Cartas. 3. Psicologia humana.
I. Título. II. Autor. III. LiteraCASA. IV. LiteraRUA - LGBTQIA+

CDD: 158.1
CDU: 159.942

Ficha catalográfica elaborada por Ana Luisa Constantino dos Santos CRB 10076/O

"Desde pequeno, eu sempre quis ser escritor. Até hoje, não sei se sou ou se serei. Não sei nem ao certo o que isso significa."

#sumario

#prefacio 9
#prefacio de Chico Felitti   11

#introducao 15
Uma pequena e estranha introdução   17
Um primeiro contato estranho   19
Nunca é apenas uma palavra amiga   20

#amor 23
Um caderno todo em branco   25
A escolha por um amor de verdade   27
Como não esquecer um amor   29
Da dor da descoberta ao perdão   31
O amor não habita uma casa só   33
A dor inevitável da verdade   35
O exagero de um amor inventado   37
O mito do amor romântico   39
A sorte de um amor tranquilo   41
O problema que você não vê   43
O amor mora na imperfeição   45

#empatia 47
O salto da violência à empatia   49
Onde não há certo ou errado   51
Como se tornar alguém melhor   53
Há sempre algo que se pode fazer   55
Como praticar a empatia   57
A segunda versão da história   59
Só nos resta tentar de novo   61
A coragem de ser imperfeita   63
Não apenas uma gorda   65

#decepcao 67
O engano do pacote completo   69
A luz que apaga a sombra   71
Há força por trás da fraqueza   73
Não há por que não tentar   75
O medo de ser de carne e osso   77
O medo de não fazer nada   79
O preço da liberdade de escolha   81
O tempo certo de cada um   83
A única vantagem da inveja   85

Não é só sobre o alcoolismo	87
A beleza de ser contente	89
Mentir também faz parte da vida	91
Nunca é tarde para recomeçar	93

#lgbtqia+ 95

O homem que você quer ser	97
Entre o rosa e o azul	99
Quem espera nunca alcança	101
Tudo isso vai melhorar	103
Somos todos capazes de amar	105
Um pequeno conto de paixão	107
Abrir o armário só cabe a você	110
Seja agora quem você quer ser	112

#medo 115

A coragem de ser artista	117
O medo de amar de novo	119
Apesar de todo o medo	121
A medida da indecisão	123
Não abra mão de dizer não	125
Comece pela panela de brigadeiro	127
Nem sempre tão perto da árvore	129
A sabedoria da insegurança	131

#dor 133

Um grande e escuro vazio	135
Mais fortes do que pensamos ser	137
Sentir demais não é uma doença	139
Enquanto houver amor	141
O jogo claro e honesto da vida	143
Uma companheira indesejada	145
A menina que se cortava	147
Viver sempre vale a pena	150
A força que há dentro de nós	152
Há sempre uma outra saída	154
O inferno particular da ansiedade	156
Uma grande sentença de vida	158
Um trem com destino à morte	160

#posfacio 163

Um posfácio estranho	165

#prefacio

#prefacio

Escrever histórias reais é quase só ouvir. É impossível que alguém não tenha dito isso antes, porque qualquer um que lida com a vida do outro aprende rápido que é um ofício que exige mais ouvido do que exige mão. Mas o Google e eu não encontramos a dona da frase para dar crédito, então transfiro a autoria dela de presente para esse Caro Estranho que escreveu este livro. Porque ele é o exemplo escrito de quanto ouvir é uma forma de fazer literatura.

O livro que você tem em mãos é um maço de cartas. São cinco dúzias de missivas virtuais que Caro Estranho recebeu nos últimos anos. Recebeu, leu e respondeu. Cartas de tristeza, cartas de solidão, cartas de medo. Cartas escritas quase todas com a tinta vermelha da aflição, porque a gente tende a escrever sobre os problemas, que alegrias são vividas sem registro, porque, afinal, estamos ocupados demais vivendo-as. São casos como o de Thiago, que há três anos tenta em vão esquecer a mulher amada, ou Solange, cujo marido morreu aos 48 anos e deixou para trás uma sombra tão longa e profunda que ela não consegue seguir adiante.

As respostas de Caro Estranho não são as que o senso-comum escreveria. Por exemplo, uma mulher de nome Flavia escreve a esse Caro Estranho contando que tem ansiedade e depressão. Esse mesmo e Caro Estranho tem ansiedade e depressão. Mas na carta para Flavia, ele resolve mostrar outros pedaços da anatomia da sua história, em vez de chafurdar no que os dois têm em comum. Metaforicamente, ele abre a pele das suas costas e mostra uma coluna com dez vértebras fraturadas, como peças de dominó, por causa de uma osteoporose que ainda não deveria ter se manifestado, mas que se manifestou. Ele mostra a sua doença para a doença de Flavia e bota as duas para conversar.

É um caminho narrativo ousado. E só um de cinco dúzias de caminhos narrativos ousados. Esse Caro Estranho parece escolher o seu caminho como quem anda no escuro, norteado por uma intuição grande. Pudera: a vida não vem com bula. E, mesmo que viesse, a lista dos seus efeitos colaterais seria grande demais até para o leitor dos romances russos. Então é na tentativa e no erro que se vive. E no olhar ao redor. É exatamente isso que o Caro Estranho faz nas suas cartas. Ele olha para os lados. Costura vivências. As suas, a da cara pessoa com quem está se correspondendo e a de outras pessoas.

Caro Estranho tem uma voz oculta, não sabemos quem ele, ela, ou elu é. Uma voz sem nome, mas cheia de empatia. Mas não da empatia de supermercado que se disseminou nas redes sociais, em que se faz de conta que é possível sentir a dor do outro, independente de qual ela seja. A empatia do Caro Estranho é sincera, portanto, conhece as suas fronteiras e deixa claro os seus limites. "Assim como você não está pronto para morrer, eu não estou preparado para respondê-lo", ele escreve a um homem que tem um aneurisma que pode estourar a qualquer momento. "Não tenho como me colocar no lugar em que você se encontra". Não pode ser o homem, mas pode ouvir o homem e refletir sobre sua vida. Pode ser um correspondente. Esse correspondente é humano e, portanto, um representante de toda a humanidade.

A ensaísta e ranheta profissional americana Fran Lebowitz diz, em meio a baforadas de cigarro, que um livro não deveria ser um espelho, e sim uma janela que se abre para ver o outro. Este livro, no caso, é um prédio salpicado de janelas. E cravejado de outros. Mas ele é mais do que isso. Pela repetição do modelo de cartas e de respostas curtas, forma-se um mosaico de diferenças. E, vistas de longe, essas diferenças criam uma imagem clara de... igualdade, quem diria? Somos todos iguais em nossas dores, por mais que essas dores sejam diferentes quando olhadas no microscópio.

Não poderia terminar este texto de outra maneira, que não com minha própria carta.

20/07/2021

Caro Estranho,

É um cartão de agradecimento isto aqui, mais do que uma carta. Agradecimento pelo que fez pelas Flávias, pelos Thiagos, pelos Claudios e pelas Solanges com esse livro. Pelo que fez por mim. E por você também, só posso imaginar.

Se o tempo permitir e houver ânimo o suficiente, por favor responda. Mas não a mim, que cartões de agradecimento não esperam nada em troca. Continue respondendo a qualquer caro estranho que lhe escreva. É aí que eu lhe quero ler.

Um grande abraço,

Chico Felitti

#introducao

Uma pequena e estranha introdução

16/03/2021

Caro Estranho,

Foi em março de 2014 que nasceu este projeto. Sob o impacto da obra *O Poder da Empatia*, do filósofo australiano Roman Krznaric, espalhei uma carta de apresentação pela internet e, aos poucos, recebi algum retorno na minha caixa de entrada. Sem muito planejamento, comecei a responder cada mensagem e passei a publicar esse conteúdo no blog caroestranho.com. Para divulgá-lo pela rede, abri também uma conta no Facebook e no Twitter.

A ideia original era criar uma espécie de versão brasileira da coluna *Dear Sugar*, da escritora americana Cheryl Strayed, publicada em parte no livro *Pequenas Delicadezas*. O formato seria mais ou menos o mesmo. Uma carta, enviada por um anônimo, seguida da respectiva resposta, dada sempre pelo mesmo autor. No entanto, o *CE* ganhou vida própria e transformou-se em algo diferente. Além disso, o meu anonimato ainda se mantém até hoje.

Com este projeto, o meu objetivo é fazer o melhor que eu puder para ajudar quem me escreve. Ou seja, escutar o remetente com atenção, procurar o significado oculto por trás de cada palavra, não julgar o autor da história ou a situação apresentada e, por fim, oferecer a minha compaixão e, sobretudo, empatia. Como escrevo na próxima carta deste livro, e isso é muito importante, não tenho a intenção de substituir uma ajuda especializada.

Apesar de ser apaixonado pelo comportamento humano e fazer terapia há cerca de 20 anos, não sou médico, psicólogo ou psicanalista, como sempre me perguntam. Sou apenas um escritor, nada prolífico. Ou seja, escrevo pouco e devagar, na verdade. No entanto, enxergo a escrita como uma ferramenta que me permite não apenas organizar o meu pensamento, mas também ajudar o outro, como tenho visto há sete anos com este projeto.

A ideia de transformar o blog em um livro surgiu ao longo de todo esse processo. No início, um antigo seguidor do projeto sugeriu que eu o fizesse e, com o tempo, outros leitores seguiram pelo mesmo caminho. Confesso que, a princípio, hesitei um pouco. Porém, neste momento, agrada-me a possibilidade de alcançar um público novo e, na medida do possível, ajudar mais pessoas que, por acaso, se identifiquem com o conteúdo produzido.

Portanto, nesta obra, além desta, você encontrará outras 64 cartas que me foram enviadas por leitores como você. Cada uma delas passou por um processo de correção e, quando necessário, edição. São histórias que abordam as ansiedades contemporâneas, separadas por tópicos como amor, empatia, decepção, LGBTQIA+, medo e dor. Quem me escreve, geralmente, o faz em busca de alguma atenção ou escuta. E é justamente isso que sempre tento oferecer. Espero que você goste e obrigado por me acompanhar.

Um grande abraço,

Estranho

Um primeiro contato estranho

01/03/2014

"Caro Estranho,

Por favor, não feche ou ignore esta janela.". Espalhei esta mensagem pela internet e, de alguma forma, o acaso a fez chegar até você. Sei que ela possui um destinatário certo. Alguém que queira recebê-la. Por isso, se não houver interesse em me responder, peço que a compartilhe em algum lugar e permita que outra pessoa a encontre.

Não preciso me apresentar. Já basta que você saiba que sou um estranho e quero ouvi-lo. Tenho o treinamento necessário para isso e não faço parte de qualquer entidade, grupo ou religião. No entanto, gostaria de conhecê-lo. Por trás do nome e da profissão. Não me interessa saber o que você faz ou o que tem, e sim quem você é.

Durante muito tempo, vivi atento apenas à minha própria mente. Porém, já cansado desse meu pequeno monólogo interior, percebo agora que não há outra saída, senão tentar buscar a compaixão e resgatar a empatia. Ou seja, colocar-me no lugar de outro estranho, como você, e dedicar-lhe toda a minha atenção.

O objetivo deste projeto não é oferecer um tratamento médico ou psicológico a quem quer que seja. Não estou aqui para trabalhar, e sim para fazer o acolhimento e praticar o altruísmo. Devo dizer que não há qualquer motivação financeira por trás desta proposta. Quero apenas saber o que você tem a dizer e como posso ajudá-lo.

Portanto, meu caro, se houver interesse, sugiro que você me escreva. Se preferir, anonimamente. Que seja sem qualquer informação verdadeira. A única verdade que me importa é aquela que o toca. Deixe de ser quem você pensa que é e seja aqui quem gostaria de ser. Em troca, prometo ouvi-lo e fazer o melhor que puder.

Um grande abraço,

Estranho

Nunca é apenas uma palavra amiga

22/05/2014

Caro Estranho,

Você não me parece ser uma pessoa muito sensata e racional. Deixa-se levar pela fantasia. Provavelmente, não precisa trabalhar para viver e pagar as contas. Soa até um pouco infantilizado, mas acredito que seja um adulto que apenas não teve muito contato com a vida real.

Sinceramente, não fará muita diferença dedicar-se a ouvir histórias de estranhos pela internet. Acho que você devia partir logo para o contato direto. Arrume um trabalho voluntário para ajudar aqueles que realmente necessitam. Somente assim conhecerá pessoas de verdade.

Até mais,

Pérola

Cara Pérola,

Há algumas semanas, tenho me perguntado o que a levou a escrever para mim. Dentre outras passagens da carta que você me enviou, uma delas não me saiu da cabeça durante todo este tempo. "Sinceramente, não fará muita diferença dedicar-se a ouvir histórias de estranhos pela internet."

Logo após publicar aquela primeira mensagem, para minha surpresa, comecei a receber algum retorno. Assim como você, outros estranhos entraram em contato comigo, porém, para contar uma história, compartilhar um segredo ou apenas pedir um conselho.

Um tanto inseguro e receoso, decidi ler e responder as cartas aos poucos, uma a uma, da forma mais honesta que consegui. Então, pude notar que por trás daquelas linhas estavam seres humanos de verdade, donos de questões e problemas reais. Alguns ansiosos por qualquer atenção e outros em busca de alguma empatia.

No momento, neste contexto, é o que tenho a oferecer. Nunca é apenas uma palavra amiga, minha cara. Também não se trata de fantasia, e sim de uma tentativa legítima de fazer com que cada um que me escreva sinta-se um pouco menos sozinho. Afinal, não somos tão diferentes uns dos outros.

Um grande abraço,

Estranho

#amor

Um caderno todo em branco

16/06/2014

Caro Estranho,

Não sei o que se passa comigo. Sou casado há dez anos e tenho um filho lindo, mas não consigo esquecer algumas garotas que tive na vida. Uma delas é especial. Chama-se Paula. Ela sempre me pareceu muito triste. Vi no Facebook que ela não é casada e, ao que tudo indica, nem namora. Apesar de hoje ela ser uma médica residente, não acho que ela esteja feliz. Gostaria de entrar em contato, mas não sei como ela reagiria. Também me preocupo com a reação da minha esposa.

Um abraço,

João

Caro João,

Você tem certeza de que não sabe o que se passa? Para mim, parece claro que, além de confuso, você está insatisfeito, indeciso e, sobretudo, sente-se culpado por estar assim. Em primeiro lugar, sugiro que se livre dessa culpa. Não acredito que ela vá ajudá-lo neste momento.

Ao ler a carta que você me enviou, senti-me na obrigação de parabenizá-lo. Pelo filho e pelos dez anos de casamento. Todo ser humano monogâmico sabe que não é fácil, certo? Portanto, seja grato pelo que tem e por ter chegado até aqui. Agora, vamos ao que interessa.

Sabe, João? Há uma diferença entre não conseguir esquecer e querer lembrar. Sinceramente, acho que você se enquadra no segundo caso. Digo isso, pois a nostalgia da Paula e de outras garotas aponta para uma provável insatisfação com quem você é hoje.

Entendo que trazê-las à tona ofereça-lhe algum alívio. Por outro lado, também o impede de questionar e tentar corrigir o que há de errado. É como se você pudesse jogar fora a história imperfeita que escreveu até agora e ganhasse um caderno todo em branco. Novo em folha. Só que isso não existe, meu caro. Nunca recomeçamos do zero.

Quanto à Paula, tenha em mente que ela não é o problema, nem a solução. Também não há como saber se, como você imagina, ela se tornou uma mulher triste. Tenhamos cuidado com o Facebook, João. É o lugar perfeito para projetarmos tudo aquilo que sentimos e queremos ver. Lá, é onde sempre encontraremos uma linda médica residente, disponível e especial, em busca de uma aventura amorosa.

Com isso, não quero dizer que você não deva entrar em contato com ela, como você deixa claro que gostaria. Nem estou aqui para isso, não é mesmo? O meu objetivo é ouvi-lo e tentar fazê-lo enxergar aquilo que você já sabe. Como sempre, a resposta está na própria carta, meu caro. Basta que você recomece. Não do zero, mas de onde está.

Um grande abraço,

Estranho

A escolha por um amor de verdade

19/09/2014

Caro Estranho,

Vamos ao que interessa. Como você disse que não se importava como fossem as pessoas, então logo de início, tenho que dizer que sou homossexual e que amo, admiro, enfim, estou encantada com uma mulher. Sim, uma mulher de verdade, que não se esforça para seduzir. É sedutora por natureza.

Só que, como sempre existe um problema, aparentemente, ela não gosta de mulheres. Não me espanto com isso. Para falar a verdade, talvez nem seja um problema. Quero mesmo é admirá-la. Faz mais ou menos um ano e meio que a conheço e, não sei por que motivo, percebi toda uma perfeição há menos de um mês.

Nós nos vemos frequentemente. The Doors é a banda preferida dela e, por acaso, a minha também. Ela é perfeita. Além de me despertar sentimentos nobres, ela também me dá atenção. Isso seria bom, não fosse pelo simples fato de eu me apaixonar cada vez mais. Sei que não tenho nenhuma chance, mas é que gosto dela e queria expressar o que sinto.

Obrigada por me ouvir,

Débora

Cara Débora,

Sei como você se sente. Justamente por isso, devo lhe dizer que você não ama essa mulher. Pelo menos, não por enquanto. No momento, o que você vive é uma ilusão. Um encantamento, como você mesma diz. É provável, no entanto, que haja um jogo de sedução aí, sim. Sobretudo, se ela lhe dá atenção. Não há como saber ao certo. O problema é que essa incerteza já começou a incomodá-la, não é mesmo? Se o meu raciocínio estiver errado, por favor, peço que pare de ler aqui e desconsidere o resto desta carta.

Discordo de você quando diz que não tem nenhuma chance,

Débora. Se você pretende viver algo concreto, embora pareça óbvio, não me custa lembrá-la de que existem opções. Declarar-se é uma delas. Isso envolve descobrir se ela também sente atração por outras mulheres e, principalmente, se tem a intenção de explorar melhor o que sente por você. Para isso, minha cara, livre-se desde já da ideia de perfeição. Essa é uma condição para tornar a abordagem possível, pois fácil ela não será.

Você já deve saber qual é a outra alternativa, certo? Sim, é isso mesmo. Afastar-se. Sei que é uma opção assustadora e dolorosa, mas pode ser a melhor escolha. Talvez, até mesmo a única viável. Simplesmente porque você está apaixonada e merece viver um amor de verdade. Nada a impede de, antes, conversar com ela e deixar claro o que você quer. O que não dá é para admirá-la de longe para sempre. Aos poucos, isso se transformará em uma tortura. Dar um espaço para ela é algo que pode dar certo e só depende de você.

Sabe, Débora? Assim como vocês, eu também gosto bastante de The Doors. Tanto que, após ler a mensagem que você me mandou, fui atrás do Jim Morrison em busca de alguma ajuda. Foi frustrante perceber que ele também não tem uma solução pronta para você. Porém, na canção *The End*, encontrei uma pista interessante. "Dói deixá-la livre, mas você nunca me seguirá", diz ele em um dos versos. No fundo, é isso. Descubra se essa mulher quer segui-la. Caso ela não queira, deixe-a livre e, com isso, liberte-se também.

Um grande abraço,

Estranho

Como não esquecer um amor

01/03/2016

Caro Estranho,

Como esqueço uma mulher? Faz três anos que me apaixonei perdidamente por ela. Ela já deixou claro que não tem nenhum interesse em mim. Às vezes, ela até parece ter, mas tenho a sensação de que, no fundo, ela só quer me usar.

Já tentei de tudo. Tentei me apaixonar por outra, apaguei todas as nossas fotos, parei de procurar por ela nas redes sociais, não assisto mais aos filmes dos quais ela gosta, nem ouço mais as músicas que me fazem lembrar dela.

O problema é que, à noite, é ela que me vem à cabeça. Quando estou com outra, é nela que penso. Quando estou com os amigos, sempre me parece que falta algo. Eu, simplesmente, não quero mais pensar nela. Não quero chorar de madrugada. Não quero mais achar que sou a única pessoa que não merece um final feliz. Quero me livrar deste aperto no peito que, às vezes, chega a ser gostoso, mas me causa tanta dor.

Ela diz que estou cismado. Fala que o que eu sinto não é amor. O que é o amor, então? Por que só o meu amor não é de verdade? Porque não é mesmo? Ou porque ela não quer que seja? Como faço para deixar de amá-la?

Obrigado,

Thiago

Caro Thiago,

A memória é uma doença. Ou melhor, pode se tornar uma. Aprendi isso com Nietzsche. Para ele, a memória é uma digestão que não termina nunca. Estou certo de que você se identifica com essa ideia, não é mesmo? Nietzsche também me ensinou que o excesso de memória paralisa e gera ressentimento. Sinto muito que você esteja preso, há tanto tempo, a esse amor que, sem dúvida, é algo idealizado. Acredite. Eu sei como você se sente.

Talvez, Thiago, isso não seja o que você esperava ouvir ao me escrever. Porém, devo lhe dizer que você não esquecerá essa mulher. Pelo menos, não da forma que você gostaria. Pelo simples fato de que todos nós, feliz ou infelizmente, somos incapazes de esquecer completamente algo tão marcante. A memória é uma corrente inquebrável que nos liga ao passado. E tudo de que você se lembra, seja bom ou ruim, também faz parte de quem você é agora.

No entanto, talvez exista uma solução. Ainda de acordo com Nietzsche, o antídoto da memória não é o esquecimento, mas a criação. Uma vez que esquecer é impossível, só resta a você reservar um lugar dentro de si para essa mulher e, consequentemente, abrir espaço para criar algo novo. Ela sempre estará lá guardada, é verdade, e você vai carregá-la consigo a vida toda. Apesar disso, você terá de aprender a conviver com o que ainda está por vir.

Certa vez, escrevi neste mesmo espaço que há uma diferença entre não conseguir esquecer e querer lembrar. Você entende essa sutileza, meu caro? Então, pare de querer lembrar. Assista aos filmes que quiser, ouça as músicas que lhe fazem bem e divirta-se com os amigos. Pare de tentar apagar o que aconteceu. A ideia agora é aceitar de verdade. Aceitar o que passou para poder seguir em frente. Sem idealização e, sobretudo, sem ressentimento.

Quanto à cisma, eu não sei até que ponto ela está certa. Talvez, o que você diz sentir não seja mesmo amor. Com o tempo, só você saberá dizer, mas não se preocupe com isso agora. Você não é a única pessoa que não merece um final feliz, Thiago. Afinal, ninguém merece. Cada um de nós tem de criá-lo. A vida nos foi dada sem qualquer garantia. Então, só nos cabe aceitá-la e assumir um único compromisso. Fazermos dela o melhor que pudermos.

Um grande abraço,

Estranho

Da dor da descoberta ao perdão

11/08/2017

Caro Estranho,

Após a doença e consequente morte do meu marido, tive a confirmação de que fui traída por bastante tempo. Eu sempre confiei nele e também estive junto em cada decisão, mesmo quando errada. Só que sinto uma tristeza enorme por não ter percebido a traição. Agora, quando me lembro de tudo, vejo como fui besta. Como me livrar desta dor e seguir em frente?

Obrigada,

Rose

Cara Rose,

Há algum tempo, ouvi da avó do meu companheiro uma história parecida. Durante mais de uma década, assim como você, ela foi traída sem se dar conta. Então, no velório do próprio marido, ela descobriu que ele não apenas tinha uma outra mulher, mas uma outra família. Após ouvi-la, um tanto surpreso e sem graça, perguntei-lhe o que ela fez. "Nada", ela me respondeu. "Eu não tinha o que fazer." Ou seja, aquela mulher constrangida julgou que lá só havia um culpado, por assim dizer. "Mas é claro que a traição em si doeu muito."

Foi inevitável eu me lembrar dessa história, após ler a carta que você me escreveu, Rose. Apesar de você já saber que não está sozinha, não é mesmo? Talvez, a parte mais difícil deste meu trabalho de ouvinte seja tentar não julgar. Contudo, além de acreditar que, a rigor, isso é impossível, quando se trata de traição, costumo pensar que há uma falta de empatia por parte quem trai. Digo isso, pois é um gesto que machuca. Seja uma mulher, um homem ou uma família. Não é só algo certo ou errado. É uma questão mais complexa.

Sei que isso não ameniza o que você sente neste momento e lamento muito pelo que lhe aconteceu, minha cara. De verdade. Ser vítima de uma traição é sempre algo doloroso. Da forma que você foi, sem dúvida, mais ainda. Portanto, antes de tudo, dê espaço para essa dor existir, Rose. Não tente sufocá-la, pois ela não vai desaparecer sozinha. Você também terá de ser forte para abrir mão de entender o porquê da traição. Só uma pessoa poderia respondê-la e essa resposta foi embora com ela, certo? Talvez, tenha sido melhor assim.

Enfim, você já imagina aonde vou chegar agora, não é verdade? Sim, perdoe-se. Não se considere uma besta ou se arrependa por não ter percebido nada. Tenha um pouco mais de autocompaixão. Você precisará disso para, no tempo certo, conseguir perdoá-lo. Não peço que você faça tudo isso por ele, mas por você. Lembre-se de que você foi vítima de um ser humano tão imperfeito quanto qualquer um de nós. Assim, tenho certeza de que você será capaz de transformar essa dor que hoje mora aí dentro em um legítimo perdão.

Um grande abraço,

Estranho

O amor não habita uma casa só

22/11/2016

Caro Estranho,

Há algum tempo, terminei um relacionamento de cinco anos. Foi um término saudável, após uma longa e adulta conversa. Até hoje, temos muito carinho e respeito pela participação de um na vida do outro. Porém, qualquer lembrança dói, e a solidão, mais ainda.

Concordamos em manter a antiga amizade, mas compreendemos também que é necessário algum distanciamento para nos desapegarmos. Ainda que eu cuide de mim, esteja inteira e quase refeita, sinto falta daquela presença diária e de poder estar com alguém.

Da minha parte, ainda há amor. Da outra, esse sentimento se transformou em uma admirável gratidão. Tenho certeza de que não há mais volta, e temos plena consciência de que o nosso tempo juntos acabou. Eu só gostaria de ouvi-lo para tentar aplacar o que sinto.

Obrigada,

Teresa

Cara Teresa,

"Esqueçamos com generosidade aqueles que não nos podem amar." O conselho não é meu, e sim do poeta Pablo Neruda. É fato que, certa vez, escrevi neste mesmo espaço que somos incapazes de esquecer um amor. Contudo, a chave desse verso está na palavra generosidade. É ela que contém a verdade por trás da poesia. Ou seja, você sabe que essa pessoa não pode mais amá-la, não é mesmo? Então, minha cara, o que lhe resta agora é lançar um olhar generoso sobre esse passado. É isso que nos sugere o autor.

Acho ótimo que vocês tenham entrado em um consenso e, juntos, encontrado um ponto de equilíbrio entre o amor e a amizade. Porém, isso não tornou o fim menos doloroso, certo? Portanto, não se esqueça de ser generosa consigo mesma, Teresa. Não é hora de minimizar o que aconteceu. Tenha com você a paciência que teria com uma amiga. "Amar é breve", também escreveu Neruda. "Esquecer é demorado." Por isso, dê espaço e tempo para o sofrimento, mas não se apegue a ele e, muito menos, ao objeto dele.

Por que digo isso? Porque não sou adepto da ideia do amor romântico, minha cara. Tampouco, incentivo a personalização de um sentimento tão complexo e insondável. Consegue entender? Se for para sofrer, que seja pelo amor em si, e não por alguém. De forma alguma, quero menosprezar o que você viveu com ele. Apenas quero que você perceba que, apesar de ainda amar essa pessoa, não é ela que lhe faz falta neste momento. Ou melhor, o problema não é a ausência específica dela, mas de alguém. E você tem consciência disso, concorda comigo? Basta voltar à carta que você me enviou.

Está mais do que na hora de superarmos a ideia romântica de que há um único e verdadeiro amor para cada um de nós, Teresa. Está certo que ninguém neste mundo é descartável, e que todos temos medo de mudar. Entretanto, para seguir em frente, você deve se dar conta de que, ao longo da vida, o amor não habita uma casa só. Com o tempo, aquela mesma estrutura que sustentou um relacionamento saudável de cinco anos se transformará na base de uma nova construção. Diferente da anterior. Você tem se saído muito bem, minha cara. É assim que esquecemos alguém com generosidade.

Um grande abraço,

Estranho

A dor inevitável da verdade

28/01/2015

Caro Estranho,

Neste momento da minha vida, estou diante de um impasse muito grande entre o que me parece ser o correto a se fazer e o que o meu coração quer. Estou em um relacionamento há oito anos. Somos noivos. Sempre houve carinho e companheirismo, mas nunca paixão. O sexo nunca foi importante, mas ele é uma boa pessoa.

Já há algum tempo, eu me apaixonei perdidamente por outro homem e tenho sido correspondida. Aí sim, existe sincronia, conexão e paixão. Porém, ambos não sabemos mais como lidar com este sentimento e esta necessidade de estarmos perto um do outro.

O problema é que me entregar a este amor significa magoar alguém, desapontar minha família e largar tudo. Existe um medo, não de me arrepender, mas da dor que vou causar. Por outro lado, sei que não posso me casar, uma vez que amo outra pessoa.

Um abraço,

Luana

Cara Luana,

Sabe aquela voz que insiste em dizer para você não se casar agora? Ela não só tem razão, como faz parte de você. Não preciso dizer isso, mas você já sabe o que quer, concorda? Não se trata apenas de uma vontade do coração. A mente também está apaixonada. Até o corpo sabe para onde quer ir. Isso é o suficiente, minha cara. Portanto, respire fundo e repita para si mesma essa verdade. Até criar a coragem necessária para agir.

Antes disso, sugiro que você esqueça a ideia de que permanecer noiva é o certo a se fazer. Compreendo a preocupação que você tem em não machucar quem quer que seja, mas isso não a isenta de ser honesta consigo mesma. Sair de uma relação que não a satisfaz não é e nunca será errado. Coloque isso na cabeça. Pular fora do barco em que todos os outros estão não faz de você um ser humano mau ou ruim. Jamais acredite nisso.

Gostaria muito de lhe dizer que tudo isso pode ser feito sem que você cause dor a ninguém, mas não posso. Sim, é provável que você magoe essa boa pessoa com quem você está há oito anos. Porém, será menos doloroso fazê-lo agora. Também é possível que algum familiar se sinta desapontado ou até mesmo traído. No entanto, isso não deve ser o bastante para segurá-la. Pode parecer irônico, mas tentar evitar a dor é justamente o que gera o sofrimento.

Não acredito, portanto, que você esteja diante de um impasse, Luana. Lá no fundo, a verdade está sufocada, mas já quer gritar. Tentar abafá-la não vale a pena. O grande objetivo que se impõe agora é vencer esse medo que, por ser tão real e legítimo, deve ser enfrentado com ou sem lágrimas. Infelizmente, nada garante que partir seja o certo a se fazer. Por outro lado, tudo me parece dizer que ficar, neste caso, não é a solução.

Um grande abraço,
Estranho

O exagero de um amor inventado

20/10/2015

Caro Estranho,

Estou dividida entre a saudade de um amor inventado e a necessidade de algo verdadeiro. Em outras palavras, como diria Cazuza, sou uma exagerada. "Adoro um amor inventado." Recentemente, embarquei em um desses e, para contrariar a regra, criei um laço real. Foi tudo muito rápido e, quando chegou a fase de compartilhar com o mundo, eu fugi. Fugi por perceber que o que eu sentia ali não era mais uma invenção. Dessa vez, o alvo do exagero era eu. Havia juras de amor, mas não comprometimento.

Recusei as selfies, fingi não entender os pedidos de demonstração de afeto, disse não para aquele almoço em família no domingo e respondi sim quando ele me perguntou se tudo estava acelerado demais. Minha vontade era que aquele começo durasse o máximo possível e, nesse caso, a pressa seria nossa inimiga. Falei como me sentia e o quanto me importava. A princípio, ele concordou comigo e até pisou um pouco no freio. Seríamos, então, felizes e, mais ainda, honestos um com o outro.

Ironicamente, foi aí que tudo acabou. Enquanto eu me esforçava para dar liberdade e não marcar território daquele jeito ranzinza que os apaixonados fazem. Enquanto eu dormia e acordava com ele no pensamento, e engolia o ciúme de ver o quão aberto ele estava a novas opções. Ou seja, eu quis criar um laço real e sincero, mas, para ele, bastava o status virtual. Então, outro match no Tinder aconteceu e eu ainda não consigo entender por que tanto me foi dito se nada daquilo era verdade.

Portanto, Estranho, me diga se souber. O amor real ainda existe? Ou terei de me contentar com redes sociais cheias, e um coração vazio?

Obrigada,

Anitta

Cara Anitta,

Era uma vez um rapaz que resolveu ir a uma festa para esquecer uma recente paixão. Ao chegar lá, ele conheceu outra moça e, na mesma noite, declarou-se a ela. Em menos de uma semana, eles se casaram, transaram uma única vez e se mataram. Para ser mais preciso, em apenas quatro dias. Pode até não parecer, mas acabo de lhe contar, de modo bastante realista, o enredo de *Romeu e Julieta*. Aquela que, para muitos, ainda hoje, é a maior história de amor de todos os tempos.

Desde o início deste projeto, nunca recebi uma carta tão consciente e lúcida quanto a que você me escreveu. Na verdade, tudo o que você procura está nela, entre uma palavra e outra. Ao se autodefinir com tanta honestidade como uma exagerada, você demonstra ter plena consciência do enorme abismo que há entre o amor clássico e o romântico. Ou seja, entre o que é genuíno e o que é inventado, como você mesma colocou.

Sinto muito pelo que lhe aconteceu, minha cara. Ficou claro para mim que, apesar de sempre ter apostado no ideal romântico, desta vez, você procurou um amor possível. Aquele que costuma nascer de uma parceria concreta, e não de uma mudança de status no Facebook. No entanto, ao que tudo indica, o homem pelo qual você criou algo está atrás do produto final. Em vez de fabricar a própria verdade, ele prefere comprá-la pronta.

Em resposta ao que você me perguntou, devo lhe dizer que eu ainda acredito na existência do amor real, sim. Porém, estou certo de que ele se encontra bem longe da idealização e da perfeição, como já disse aqui antes. Não se trata de um impulso ou algo sobrenatural. "Eu nunca mais vou respirar se você não me notar", diz a música. "Eu posso até morrer de fome se você não me amar." Para mim, isso é loucura, e só gera ansiedade e sofrimento.

Por favor, não me veja como um amargurado, Anitta. É justamente o contrário. Estou convencido de que há um ponto de equilíbrio entre o amor clássico e o ideal romântico. Não desista de encontrá-lo. Entretanto, você há de concordar que, desde Shakespeare, a nossa balança anda um pouco desregulada, não é mesmo? O que me incomoda, portanto, de forma alguma é a exaltação da arte, mas a negação da vida.

Um grande abraço,

Estranho

O mito do amor romântico

16/03/2017

Caro Estranho,

"Como são maravilhosas as pessoas que não conhecemos bem", escreveu Millôr Fernandes. A verdade é que tenho sentido isso nos meus relacionamentos recentes. Não apenas no último.

O que acontece é que eu conheço alguém e, após algum tempo de convívio e relação, simplesmente deixo de querer a pessoa. Sem um motivo específico ou um aviso prévio. Nada.

A impressão que tenho é de que, para mim, já deu. Então, eu deixo de amar. Se é que amei. Não tenho mais vontade de ficar com ninguém. Será que eu perdi a capacidade de amar?

Um abraço,

Jonas

Caro Jonas,

"Se você discorda de fulano, com certeza, quem está errado é você." Era o que o meu pai costumava me dizer quando ele gostava muito de alguém. Com o Millôr, era assim. De fato, é impossível não concordar com a frase citada, pois é certo que nós tendemos a idealizar todo mundo que não conhecemos bem. E parte da resposta que você procura, como sempre acontece, está na própria carta que você me mandou.

"Quase todo mundo que me escreve sofre por ser refém de alguma idealização." Foi o que eu disse, há algum tempo, neste mesmo espaço. Com você, Jonas, não é diferente. O único problema é que, em vez de idealizar uma ou outra pessoa, você parece criar uma espécie de fantasia em torno do conceito de amor em si. Portanto, tenho uma pergunta para você. O que, lá no fundo, você espera do amor? Você consegue me dizer?

Não sei se posso ajudá-lo, meu caro. Afinal, eu também nunca consegui definir esse sentimento tão intangível. No entanto, se você me acompanha há algum tempo, deve saber que não acredito no mito do amor romântico. Ou seja, no encontro platônico de metades que se completam. Também não sou um entusiasta das novelas, tampouco das comédias românticas, apesar de me entreter e rir com algumas delas.

Sinto muito se não era isso que você esperava ouvir de mim, Jonas. Entretanto, eu desconfio que aquilo que você procura em outra pessoa é justamente o que ainda falta aí dentro. Há um vazio, eu sei, mas ninguém poderá preenchê-lo. Cabe só a você fazer isso, meu caro. Estou certo de que você não perdeu a capacidade de amar. Esqueça isso. Caso contrário, você nem ao menos teria me mandado uma carta, não é?

Inclusive, arrisco dizer que o amor talvez seja isso também, Jonas. Essa busca que você tenta empreender, por enquanto, sem sucesso. Se, neste momento, você não tem vontade de ficar com ninguém, não fique. Tente não criar tanta expectativa sobre o amor, meu caro. Na hora certa, ele há de chegar até você. Não como uma mágica, mas como algo concreto. Quando isso acontecer, por favor, passe aqui para me contar.

Um grande abraço,

Estranho

A sorte de um amor tranquilo

01/06/2017

Caro Estranho,

Estou completamente angustiada por estar apaixonada. Devo dizer que essa paixão tem sido correspondida e isso me deixa mais aflita ainda. Não é estranho? Há algum tempo, tive uma grande decepção e jurei para mim que nunca mais me entregaria daquela forma a alguém.

Desde então, vivi apenas na superfície. Sem emoção ou envolvimento. Até que eu a encontrei. Ou melhor, até que eu me encontrei nela. O sorrir, o olhar, o toque, o beijo e a sintonia. Enfim, tudo tem sido incrível. No entanto, o medo que tenho de sofrer ainda me faz querer recuar.

Sinceramente, não sei o que fazer. Às vezes, tenho a impressão de que não vou suportar tudo isso. Sou intensa demais e considero isso um defeito. Também não sei viver apenas o aqui e o agora. Escrevo para você na esperança de receber uma resposta que acalme o meu coração.

Desde já, muito obrigada,

Beth

Cara Beth,

Sim, você está apaixonada e não, não é nem um pouco estranho o fato de você estar angustiada por isso. Você se sente assim porque, de fato, a paixão é algo intenso, profundo e que pode ser bastante perturbador. É um sentimento que chega sem aviso, escapa a qualquer tentativa de controle, ofusca o juízo e suspende a razão. É um entusiasmo sem precedente, porém, capaz de tirar alguém do prumo e, até mesmo, causar sofrimento. Enfim, é o império soberano da emoção. Uma pequena, mas perigosa loucura.

Não foi à toa que Cazuza, um convicto apaixonado, cantou "eu quero a sorte de um amor tranquilo", e não de uma paixão. Consegue entender aonde quero chegar? A própria palavra paixão vem do grego *páthos*, que também pode significar excesso, sobretudo, de sentimento. Mais ainda, outro termo que deriva daí é patologia. Por isso, há quem diga que a paixão é uma doença. Eu até acho que parece, mas não é. Ainda prefiro acreditar que se trata de um exagero incontrolável do sentir. E é bem aí que você se encontra agora.

Sei também que você está amedrontada, minha cara, mas peço que não fique, por favor. Apesar de tudo que escrevi, a paixão não é de todo ruim. De certa forma, é ela que move o mundo, não é mesmo? E o que há de mais curioso é, sem dúvida, a aproximação que ela permite entre o amor e a loucura. É isso mesmo. Ela pode se transmutar em amor. Basta que ela se torne mais mansa. Ou seja, se você e a mulher pela qual você se apaixonou conseguirem domar a paixão, ambas vão chegar àquele mesmo amor que desejou o poeta.

Quanto ao medo de sofrer, Beth, não deixe que ele a faça recuar. Não antes de tentar enfrentá-lo com coragem e persistência. O medo, como você sabe, tem sempre a ver com aquilo que é desconhecido e, por enquanto, você ainda não explorou bem esse território. De volta ao Cazuza, além de que fosse tranquilo, ele também queria que o amor tivesse "um sabor de fruta mordida". E é isso que você tanto quer, minha cara. Só um pouco mais de segurança. Entretanto, não há como saber o gosto de algo, sem antes experimentá-lo.

Portanto, apesar de tudo, sugiro que você vá em frente, Beth. Morda com vontade essa fruta cujo sabor você ainda não conhece. Com certeza, o gosto será forte e intenso, pois não há como ser diferente. Contudo, experimente-o com calma e sinta cada nuance. A paixão amedronta, sim, mas ela quase sempre é uma etapa necessária para que se chegue ao amor. Resista à tentação de recuar, com toda essa intensidade que há em você. Tente dominar a ansiedade e o medo. Na hora certa, o amor há de chegar aí. Manso e tranquilo.

Um grande abraço,

Estranho

O problema que você não vê

25/01/2019

Caro Estranho,

Vivo uma situação inusitada. Eu sempre fui um pouco gorda, mas isso nunca me incomodou, nem me impediu de fazer nada na vida. Gosto de mim, de quem eu sou e me sinto bem comigo.

Só que estou casada há dois anos e, de lá pra cá, meu marido tem falado muito sobre o meu peso. Ele diz que eu sempre fiz sexo porque "o homem é como o tatu, que só quer um buraco".

Ele até fala que me ama, mas que nunca olharia para mim na rua e sente vergonha de estar ao meu lado. Ele também já me traiu, pois disse que, fisicamente, não sou capaz de completá-lo.

Tudo isso tem acabado comigo e tenho me sentido muito ruim como mulher. Não sei como agir e me comportar. Estou com medo de sair de casa e não consigo falar com quem quer que seja.

Obrigada,

Rebeca

Cara Rebeca,

Estou estarrecido com a carta que você me mandou. "Por que você continua casada com esse homem?" É a primeira pergunta que me sinto tentado a fazer, apesar de saber que nem tudo é tão simples quanto parece. Então, vamos tentar destrinchar o que se passa aí dentro, minha cara. Antes de tudo, ser "um pouco gorda" não é um problema em si e folgo em saber que você sempre se sentiu bem consigo. Ou seja, a questão, neste aspecto, não está em você e é muito importante que alguém lhe aponte isso para que você não se culpe.

O que acontece neste momento, Rebeca, é que você vive em um óbvio cenário de abuso psicológico. E isso é grave. É algo que traumatiza, gera ansiedade e pode levar a um quadro de depressão. Você já percebeu isso, não é mesmo? Portanto, o primeiro passo é você se reconhecer como vítima de um abusador, pois é isso que esse homem é. Em segundo lugar, você não deve jamais tentar justificar a atitude dele. "Ele até fala que me ama", você me escreveu na carta. Só que isso não é verdade, pois quem ama não humilha.

Por fim, em uma situação como a que você vive, a conduta mais acertada é afastar-se do agressor. Afinal, o abuso psicológico é também uma forma de agressão. Às vezes, até pior do que a física. E esse talvez seja o problema que você não vê, minha cara. Você divide a casa e a vida com um homem machista e misógino, que enxerga uma mulher como "um buraco". Isso pra não falar da gordofobia. Então, está na hora de você recuperar a autoestima que já perdeu há algum tempo e tomar uma atitude. Não tenha medo de agir.

Eu sei que não é simples fazer o que lhe peço, mas é necessário, Rebeca. Fico feliz que você tenha me procurado. Afinal, conversar com alguém e colocar pra fora o que você sente é uma grande vitória. Inclusive, peço perdão se fui muito incisivo ao respondê-la, mas não posso me calar diante de qualquer violência. Agora, é hora de você cuidar de si. Não há nada de errado com você. Você não é "muito ruim como mulher" e, sem dúvida, é capaz de ser feliz com ou até sem um outro homem. Você não merece menos do que isso.

Um grande abraço,

Estranho

O amor mora na imperfeição

11/02/2016

Caro Estranho,

Tenho 21 anos e sou estudante de psicologia. Apesar disso, parece que nunca tenho bons conselhos para mim. Em 2014, terminei um relacionamento de três anos e, logo no início do ano seguinte, me envolvi em outro.

No começo, eu estava completamente apaixonada. Não conseguia me ver sem ele. Hoje, depois que tudo deu uma esfriada, consigo enxergar claramente que não temos os mesmos projetos, sonhos, valores e objetivos.

Sei que é óbvio que não preciso ficar com esse cara pro resto da minha vida, já que as circunstâncias não me farão feliz a longo prazo, mas a dúvida surge toda vez que olho para trás e percebo o que ele já fez por mim.

Afetivamente, ele é o cara ideal. Pelo menos, até agora. Em relacionamentos anteriores, nunca fui tão bem cuidada, amada e protegida por alguém. Porém, quanto à vida profissional e familiar, ele me desaponta muito.

Acredito que daqui a, sei lá, uns dez anos, depois que ele tomar muito na cabeça, ele será uma pessoa ideal por completo. A questão, portanto, está muito clara. Será que eu devo esperar e lapidá-lo durante esse tempo?

Obrigada desde já,

Bárbara

Cara Bárbara,

Você sabe de onde vem o verbo lapidar? Vem da palavra "lápide". Literalmente, ele significa "apedrejar", "atacar a pedrada". Não é curioso? É claro que você quis empregá-lo em um sentido figurado, ou seja, como sinônimo de "aperfeiçoar", "tornar apresentável". Contudo, ainda assim, minha cara, tenho uma má notícia. Seja qual for a intenção, você não será capaz de aprimorar essa pessoa. Basicamente, porque isso não cabe a você. Simplesmente, porque não se trata de uma pedra bruta, mas de um ser humano.

Na carta que você me escreveu, não ficou claro para mim como ele a desaponta. Da mesma forma, não sei o que a faz acreditar que você não será feliz com ele. Porém, isso não vem ao caso. Pelo menos, não por enquanto. O que você precisa ter em mente é que você só pode mudar a si mesma. E isso não é apenas um clichê de autoajuda. É a mais pura verdade. O que você quer para si? Até onde está disposta a ceder? O amor, o cuidado e a proteção que ele lhe oferece ainda são muito pouco? O que mais você espera dele?

Diante disso, Bárbara, ouso dizer que você tem uma única escolha a fazer. Aceitar ou recusar. Ficar com ele e entender que não é justo querer transformá-lo em algo que ele não é ou, então, explicar a ele como você se sente e, sobretudo, ouvir o que ele tem a dizer. Infelizmente, assim como não posso e nem devo aconselhá-la a casar ou ter um filho, também não tenho como lhe apontar o melhor caminho. O que posso lhe garantir é que ambos serão imperfeitos e que você ainda terá muito trabalho pela frente.

Outro ponto que me chamou a atenção na carta foi o fato de você ter empregado, mais de uma vez, o adjetivo "ideal". Acredito, sinceramente, que isso talvez seja parte do problema. A idealização. Afinal, a essa altura da vida, você já deve ter aprendido que isso não existe, estou certo? Ninguém é ideal, Bárbara. Somos todos riscados, trincados, quebrados. Até mesmo a pedra mais bela tem um ou outro detalhe que a torna única. O amor mora na imperfeição, minha cara. Essa, sim, talvez seja uma verdade lapidar.

Um grande abraço,

Estranho

#empatia

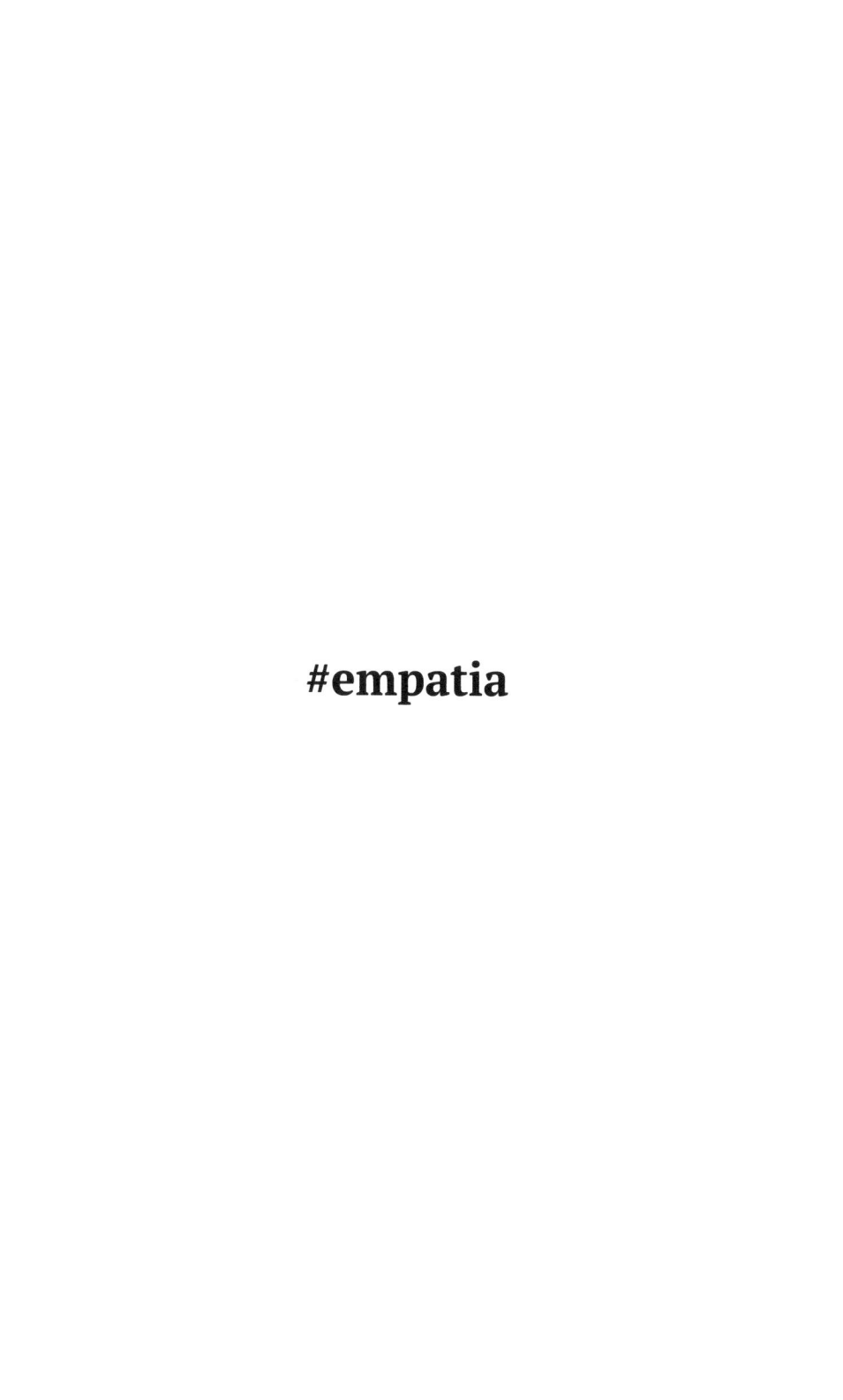

O salto da violência à empatia

23/09/2015

Caro Estranho,

Ontem, reassisti ao filme *O Jogo da Imitação*. Sempre que o vejo, penso em como a violência é algo inerente ao ser humano. O britânico Alan Turing, um dos pais da computação moderna, conviveu com a agressividade dos colegas desde a infância. Apenas porque não pensava, nem se comportava, como a maioria. Incompreendido, ele concluiu que a violência gera prazer ao homem.

Na época da escola, eu sofri bullying. O apelido que mais ouvia era ET. Sempre amei estudar, desde que comecei a ler. Logo percebi que era capaz de descobrir o que eu quisesse e aprender virou uma paixão. Nunca entendi por que a maioria dos meus colegas ia à escola só para encontrar os amigos e ignorava tudo aquilo que podíamos aprender lá.

Hoje, estou às voltas com o meu trabalho de conclusão de curso. Em breve, serei uma jornalista. É um livro-reportagem sobre a violência no ambiente escolar. Não estou atrás de uma única resposta sobre o tema. Quero apenas pesquisar as causas e levantar algumas questões para o leitor refletir.

"Às vezes, as pessoas de quem ninguém espera nada são justamente aquelas que fazem as coisas que ninguém espera." Essa frase do filme me inspira a deixar um grande legado nesta vida. E você? O que pensa sobre o ser humano? O que gostaria de deixar para as futuras gerações?

Um abraço,

Alegra

Cara Alegra,

Conheci a história do Alan Turing há cerca de cinco anos, quando o governo britânico começou a estudar a possibilidade de lhe conceder o perdão real. A retratação oficial, entretanto, só ocorreu em 2013, quase seis décadas após a morte do matemático. Como você deve saber, Turing foi condenado em 1952, na época em que ser homossexual era crime no Reino Unido. Após ser preso e humilhado, ele foi submetido a um processo de castração química e passou a receber injeções de estrogênio que lhe deformaram o corpo. Toda essa crueldade culminou em um provável suicídio por envenenamento.

Diante dessa e de tantas outras atrocidades, é impossível discordar de você, Alegra. Sim, sempre fomos e ainda somos seres individualistas, intolerantes e perversamente violentos. De Sigmund Freud a Thomas Hobbes, no passado, não foram poucas as grandes mentes que tentaram nos ensinar isso. De George W. Bush a Jair Bolsonaro, no presente, ainda são muitas as pequenas cabeças que insistem em nos provar isso. A verdade é que sempre foi mais fácil negar do que aceitar quem é diferente. Inclusive, você sabe que o apelido pelo qual a chamavam no colégio não foi escolhido aleatoriamente, não é mesmo?

No entanto, minha cara, a natureza humana é tão complexa quanto fascinante. Por acreditar nisso, o que tenho a lhe dizer é que somos seres ambivalentes. Ou seja, não somos apenas maus, nem somente bons. Assim como temos um instinto egoísta, possuímos também um impulso empático. Cabe a nós decidir a qual deles vamos dar vazão a cada momento, ao longo de toda a vida. O que separa o aluno que pratica *bullying* na escola da adolescente que se comove com uma injustiça não deixa de ser, portanto, uma escolha consciente. Ambos são igualmente humanos e carregam o amor e o ódio dentro de si.

Você sabe o que me deixou mais feliz ao ler a carta que você me mandou, Alegra? Foi perceber que você não apenas sobreviveu ao *bullying*, mas deu o salto da violência à empatia. Optou por transformar o sofrimento do qual foi vítima em algo que, sem dúvida, ajudará outras pessoas lá na frente. Em vez de negar o passado, você escolheu aceitá-lo para poder, então, compreendê-lo. Devo parabenizá-la pela coragem. Agora, quanto ao futuro? O que eu gostaria de deixar para o mundo? Bom, como não sou nenhum Alan Turing, um pouco mais de empatia já me tornaria um homem bastante satisfeito.

Um grande abraço,

Estranho

Onde não há certo ou errado

09/03/2016

Caro Estranho,

Após ler algumas cartas, resolvi lhe escrever. Sinto-me abandonada pela vida. Cinco anos atrás, me apaixonei por um cara que parecia um sonho. Porém, não deu certo. Ainda gosto dele, mas ele não quer nada comigo e isso me revolta. Puxa, por que não apostar em mim?

Enfim, a vida seguiu em frente e, alguns meses depois, encontrei aquele que talvez seja o amor da minha vida. Somos amigos, parceiros, há uma admiração mútua e, na cama, temos uma química ótima. É uma relação maravilhosa, onde cada um contribui para o melhor do outro.

No entanto, há um porém. Ele é casado, tem duas filhas e, por causa da saúde de uma das crianças, não vai se separar. Sei que parece só mais um papo de homem comprometido, mas o assunto aqui sou eu. Como devo agir? Continuo com ele, mas sempre com essa limitação?

Conto com você,

Lorena

Cara Lorena,

Embora eu pense que a mesma resposta sirva para ambos, vou me ater ao segundo caso. Entendo como você se sente, mas devo lhe dizer que o fato de esse homem ser casado e ter outra família não é apenas um porém, como você colocou. Talvez, seja o grande porém. Ele não vai se separar e já deixou isso bem claro. Eu sei que o assunto aqui é você, mas isso precisa ser dito quantas vezes forem necessárias. Ou, pelo menos, até que você pare de idealizá-lo.

Talvez, o maior desafio deste meu projeto seja praticar a empatia sem cair na tentação de julgar. Portanto, não posso lhe dizer como agir, minha cara. Fazer isso seria, de alguma forma, um julgamento. Consegue entender? Aqui, porém, não há certo ou errado. Sei que, às vezes, pode até não parecer, mas você é livre para escolher a vida que quiser. A única certeza que tenho, após ter lido inúmeras vezes o que você me escreveu, é a de que você não está contente.

O que quero dizer, Lorena, é que eu acho completamente possível alguém ter uma vida amorosa satisfatória sem o peso da exclusividade. Você pode ser a amante, a outra, a segunda mulher e, ainda assim, ser feliz. É certo que você será condenada pelos bastiões da monogamia, mas só cabe a você decidir o quanto isso vai afetá-la. No fundo, como sempre, é uma questão de escolha. Você mesma usou a palavra limitação. Será que você está disposta a superá-la?

No entanto, antes de você tomar qualquer decisão, posso lhe pedir um favor, Lorena? Pare de idealizar. Quase todo mundo que me escreve sofre por ser refém de alguma idealização. Pare de usar expressões como "um sonho", "o grande amor da minha vida" ou "uma relação maravilhosa" para se referir a pessoas tão humanas e imperfeitas como eu ou você. Se você conseguir fazer isso, o caminho que você escolher será muito mais leve. Seja ele qual for.

Um grande abraço,

Estranho

Como se tornar alguém melhor

24/03/2016

Caro Estranho,

Já faz algum tempo que estou perdido. Não sinto prazer em fazer mais nada e as pessoas também não me empolgam como antes. Não sei o que fazer. Luto contra a depressão há seis anos. Já passei por psicólogos, psiquiatras e tentei alguns remédios, mas de nada adiantou. Hoje estou com 18 anos, não conto muito com o apoio da minha família e os meus amigos ignoram o fato.

Tento ver o lado positivo de tudo e me esforço ao máximo para afastar os pensamentos ruins, mas é inevitável. Sempre que anoitece e me vejo só, minha mente acelera e recomeça todo o tormento. Sinto-me completamente deslocado, como uma peça que não faz parte deste jogo. O que sei é que, a cada dia que passa, perco um pouco mais o interesse pela minha vida.

Obrigado,

Marcos

Caro Marcos,

Um dos melhores conselhos que já recebi na vida veio de uma terapeuta que procurei há alguns anos. Naquela ocasião, assim como você, eu me sentia desmotivado e havia perdido o interesse por tudo. "Você já tentou fingir ser outra pessoa?" Ela me perguntou. "Será que você consegue fingir ser quem você gostaria de ser?" Aquelas questões me pegaram desprevenido e deram um nó na minha cabeça que, na verdade, eu ainda tento desatar.

A depressão é uma doença e, na minha honesta opinião, não adianta negá-la, bater de frente com ela ou esperar que ela desapareça espontaneamente. Já falei sobre isso e repito. Por outro lado, ela não tem o poder de definir quem você é, Marcos. Ela é apenas uma parte de você. Sei como se sente. Sou capaz de me enxergar em cada palavra que você me escreveu. Ainda assim, sou obrigado a sugerir que você continue atrás de um tratamento eficaz.

De volta àquela sessão de terapia, o que tenho a lhe dizer, meu caro, é o seguinte. Finja até conseguir. Somente algum tempo depois, descobri que esse é um mote bastante empregado na psicologia. A ideia é que você assuma uma postura diferente diante de um problema qualquer e, apesar de todo mal-estar, finja. Até que esse novo comportamento se torne natural. A princípio, isso pode não fazer sentido, mas é como nos tornamos pessoas melhores.

Não sei se me fiz claro, Marcos. Também é difícil para mim, escrever sobre algo que me toca tão profundamente. O que quero que você entenda é que, até certo ponto, somos todos fingidores. Não apenas os poetas, como escreveu Pessoa. Se você não está satisfeito com quem você é, finja ser alguém melhor. No fundo, é isso. Ao contrário do que você pensa, você faz parte do jogo, sim. Portanto, trace uma nova estratégia, pois este é só o começo.

Um grande abraço,

Estranho

Há sempre algo que se pode fazer

15/08/2017

Caro Estranho,

Tenho 25 anos e venho aqui em busca de um conselho ou só mesmo uma opinião. Sempre senti que tinha de fazer algo para ajudar o mundo ou, pelo menos, o meu próximo. No entanto, trabalho com moda, uma área comercial e superficial, na qual o grande objetivo é vender.

A minha questão é que estou com vontade de largar o emprego e o salário que tenho hoje e sair por aí com alguma ONG de ajuda humanitária. Afinal, acho que seria impossível eu ter uma voz ou ajudar alguém com uma marca de moda, justamente, por causa do mercado.

Na verdade, o meu medo nem é tanto se serei feliz ou não quando tomar uma decisão. Isso não me preocupa agora. O meu maior temor é, daqui a uma década, não ter dinheiro ou qualquer estabilidade para, sei lá, casar e ter uma família. Enfim, o que você acha que devo fazer?

Obrigado,

Victor

Caro Victor,

"Em um mundo tão carente, há sempre algo que se pode fazer." Há muito tempo, ouvi esse conselho de uma grande amiga e confesso que isso mexe comigo até hoje. De alguma forma, espero que sirva para você também. É ótimo conhecer alguém que quer transformar este mundo em um lugar melhor. Você será sempre bem-vindo. No entanto, devo dizer que tudo me parece um pouco confuso, meu caro. Apesar de ser um projeto louvável, você não é obrigado a largar tudo e sair por aí para fazer o bem. Você pode ajudar o próximo, agora mesmo, de onde você está. Inclusive, por meio da própria moda.

Para ser sincero, após ler a carta que você me escreveu, pensei se essa vontade de se juntar a uma ONG de ajuda humanitária é um desejo verdadeiro ou uma espécie de plano de fuga. Sob hipótese alguma, quero desencorajá-lo, e peço que não me leve a mal, mas você me dá a impressão de estar insatisfeito com o que faz. E, talvez, isso o tenha levado a enxergar a moda de uma forma um tanto injusta. Quando, no fundo, trabalhar nessa área é algo tão legítimo quanto atuar em qualquer outra. Você, mais do que eu, sabe da importância histórica da moda e do poder de influência que ela tem no mundo moderno.

Portanto, antes de tudo, acredito que você deva fazer um exame profundo daquilo que o motiva ou não. De onde estou, não consigo lhe dar um outro conselho, meu caro. Se você acha que cair no mundo é a melhor opção, por favor, vá e faça isso. Você pode também escolher ser um empreendedor social, criar uma marca engajada, combater o preconceito e ter uma voz no mundo da moda, sim. Por que não? Uma outra alternativa é você ficar onde está, manter o emprego e juntar-se à causa animal, distribuir sopa numa madrugada de inverno ou ser voluntário em uma creche. "Há sempre algo que se pode fazer", certo?

Você não é só o que você faz, Victor. Contudo, o que você faz também é parte de quem você é. E, por enquanto, você é um jovem adulto, bem-intencionado, que trabalha com moda e quer ajudar o próximo. Não é maravilhoso isso? Então, apenas escolha um caminho para viabilizar esse desejo. Você diz ainda que não se preocupa se será feliz ou não, mas isso é importante. Talvez, o que não valha a pena seja temer pelo que possa acontecer daqui a uma década. Enfim, não sei se consegui ajudá-lo, mas o fato é que tudo depende de você. Agora, para onde quer que você vá, espero que faça uma ótima viagem.

Um grande abraço,

Estranho

Como praticar a empatia

07/07/2015

Caro Estranho,

Às vezes, me acho um pouco diferente, pois não consigo sentir absolutamente nada por quem não conheço. Quando alguém, por exemplo, perde um ente querido, não me solidarizo. Se vejo alguém muito doente, não sou capaz de imaginar o tamanho do sofrimento. Quando me pedem uma opinião, então, fico perdido. Afinal, não sei me colocar no lugar do outro. Ouvir um problema de alguém com quem não convivo, como você faz, é inimaginável.

Por isso tudo, é mais do que óbvio que tenho apenas um ou outro amigo, e nem faço questão de ter mais. A cobrança da minha família para que eu mude é grande, mas interagir com um estranho, para mim, não parece ter lógica alguma. Sou capaz de ficar horas ao lado de uma pessoa sem trocar uma palavra sequer com ela. Não vejo sentido em jogar conversa fora ou bater um papo só para passar o tempo.

Gosto de ser como sou, mas parece que não sou normal. A minha questão também não é timidez. Inclusive, trabalho com atendimento ao cliente, mas nem por isso sou deselegante, ríspido ou mal-educado. Enfim, gostaria da opinião de alguém que não faz parte do meu círculo social para saber se devo mudar ou não. O fato de eu ser, digamos, antissocial é realmente um problema? O que você acha?

Obrigado,

André

Caro André,

Você já ouviu falar de empatia, não é mesmo? De acordo com os gregos, a palavra *empátheia* significa "entrar no sentimento" alheio. Para os psicólogos, nada mais é do que um processo de identificação, em que um indivíduo se coloca no lugar do outro. No entanto, muito mais do que um conceito ou uma habilidade, a empatia é, antes de tudo, uma prática. Ou seja, não é algo que nasce e se desenvolve espontaneamente, e sim um poder que se torna mais forte, na medida em que é usado.

Em outras palavras, André, o que quero dizer é que você pode optar por ser uma pessoa empática. Como se faz isso? Basta praticar a empatia à exaustão. Você pode escolher olhar para os lados, ser menos autocentrado e prestar mais atenção ao mundo. Falar menos, ouvir mais e não julgar também são atitudes capazes de levá-lo além da superfície. É óbvio que não se trata de algo fácil ou indolor. Como qualquer outra prática, essa também demanda tempo e esforço.

Na carta que recebi, você me pergunta se há algum problema em ser antissocial. O que você acha? Você está satisfeito com quem você é hoje? Desconfio que não. Caso contrário, será que você teria entrado em contato comigo? O que há por trás do que você me escreveu? Quem você gostaria de ser? Não são apenas perguntas retóricas, meu caro. Releia a mensagem que você me mandou e perceba como você mesmo tem consciência do que o incomoda. Portanto, não há o certo ou o errado. Há apenas uma vontade de mudar.

Quando comecei este projeto, tinha as mesmas questões que você. Na verdade, ainda as tenho. Para mim, é bastante difícil me colocar no lugar de um estranho também. Cada carta é um exercício de empatia. Ao dizer que é mais simples sermos empáticos com quem já conhecemos, você está coberto de razão. Porém, não podemos nos acomodar. O objetivo aqui é aceitar e acolher justamente o desconhecido, aquele que vem de fora. Há um André que parece não ligar muito para isso. Entretanto, lá no fundo, há um outro, que sabe que vale a pena. Vá atrás dele. Ele não está tão longe quanto você pensa.

Um grande abraço,

Estranho

A segunda versão da história

31/01/2017

Caro Estranho,

Como voltar a ter fé e esperança? Cada vez mais, percebo que quem me rodeia insiste em não olhar com empatia para o próximo e é conivente com a violência. Isso me deixa triste e, às vezes, me impede de seguir em frente. O que você faz para não se afundar no pessimismo?

Obrigada,

Carmen

Cara Carmen,

Hoje acordei com um pouco de dor de cabeça. Tomei um banho, engoli o café da manhã sem muita vontade e saí para o trabalho. No trânsito, tomei uma fechada e quase bati o carro. Liguei o rádio e soube que, ontem, houve um ataque a uma mesquita no Canadá. Pelo menos, seis pessoas foram mortas. Já na empresa, descobri que uma colega tinha acabado de ser mandada embora. Nem pudemos nos despedir. Na volta para casa, fiquei mais de uma hora preso em um congestionamento. Consegui chegar, comi algo rápido, peguei uma taça de vinho e me sentei aqui para responder a carta que você me mandou.

Outra vez. Hoje acordei antes de o despertador tocar. Por isso, pude demorar um pouco mais no banho. A temperatura da água estava agradável e isso amenizou a minha dor de cabeça. No caminho para o trabalho, uma criança acenou para mim pelo vidro de trás, e eu sorri de volta. Após ouvir o noticiário, mudei de estação e escutei uma música da qual gosto bastante. Ao saber da demissão da minha amiga, mandei uma mensagem para ela. Ela me agradeceu e marcamos um encontro. Quando cheguei em casa, meu cachorro fez uma festa, como sempre, e fomos passear. Agora, estamos aqui, eu e a taça de vinho.

Você está certa, Carmen. Há um enorme déficit de empatia no mundo em que vivemos e um excesso de violência, sim. Como voltar a ter fé e esperança? O que eu faço para não me afundar no pessimismo? Não sei se sou capaz de respondê-la, minha cara. Eu tento, sempre que possível, optar pela segunda versão da história. É óbvio que não posso negar a primeira. Afinal, ambas são verdadeiras. No entanto, eu tenho de escolher uma só. Um único olhar, que me permita enxergar um mesmo fato sob uma perspectiva diferente. Quem muda o que pensa pode mudar o que sente e como age. É algo quase simples.

Todo mundo que conta uma história é obrigado a optar por um enfoque, Carmen. Com você, não é diferente. Portanto, sugiro que tente reescrever o que viveu até aqui sob uma nova luz. Além disso, se você diz que quem a rodeia não consegue ser empático e é conivente com a violência, talvez seja a hora de mudar esse entorno também. De procurar um novo cenário, de trocar um ou outro personagem, enfim. A vida pode ser boa e ruim ao mesmo tempo. Você voltará a ter fé e esperança quando aceitar isso e se reposicionar diante dela. O mundo está aí, como ele é. No fundo, nada depende dele. Só de você.

Um grande abraço,

Estranho

Só nos resta tentar de novo

01/08/2018

Caro Estranho,

Estou em uma crise. Vou fazer 40 anos em breve e me vejo como um grande desperdício. Sinto-me uma verdadeira fraude, pois sempre achei que poderia fazer tudo nesta vida, mas hoje percebo que não é bem assim. Agora, eu lhe pergunto. Não dá pra nascer de novo aos 40, dá?

Um abraço,

Aurora

Cara Aurora,

Fui o melhor aluno do colégio. E isso teve um peso enorme na minha vida futura. Na época, todo mundo dizia que eu seria capaz de tudo. De ser quem eu quisesse. Na faculdade, não foi muito diferente. Antes mesmo de me formar, já tinha um ótimo emprego e era alvo da inveja de um ou outro colega. Então, veio o primeiro fracasso. Um colapso nervoso e o fantasma da depressão. Ainda assim, voltei a trabalhar, até que decidi mudar de área. Um outro tombo, uma nova chance e, de alguma forma, cá estou com você.

Agora, estou de mudança. Vou trocar a cidade em que nasci e fui criado por uma outra que pouco conheço. Lá, espero ter uma rotina mais tranquila. Só isso. Não há nenhuma promessa de felicidade ou de uma vida melhor. É só mais uma tentativa, Aurora. Afinal, só nos resta isso. Na carta, você me pergunta se dá pra nascer de novo aos 40 anos. Ainda não tenho essa idade, mas sei que, obviamente, não. Não há como apagar ou esquecer o que passou e quem você é hoje. O que lhe cabe, minha cara, é recomeçar, mas não do zero.

Eu sei o que é se sentir uma fraude, Aurora. Você se sente assim, porque, em algum momento, assim como eu, você criou uma expectativa exagerada em torno de si. "Sempre achei que poderia fazer tudo nesta vida", você diz na carta. Mas o tempo nos ensina que não, não é mesmo? Com ele, aprendemos que só nos cabe fazer o que está ao nosso alcance. Aí, vem a frustração, pois somos insaciáveis e cobramos da vida o que, na verdade, ela nunca nos prometeu. Enfim, você não é "um grande desperdício", minha cara.

Dito isso, será que preciso dizer que uma mulher de 40 anos ainda é jovem? E que você não pode fazer tudo, mas ainda pode realizar muito? Acho que não, certo? Algo me diz que você já entendeu o recado. O que você tem a fazer, Aurora, é seguir em frente. Sem tanta expectativa e com mais autocompaixão. Seja um pouco mais generosa consigo. Quando a ansiedade bater, tente ignorá-la. Como você mesma disse, é só uma crise. Portanto, desista de nascer de novo, recomece de onde parou e tenha um feliz aniversário.

Um grande abraço,

Estranho

A coragem de ser imperfeita

23/03/2020

Caro Estranho,

Apesar de ter uma família ótima, no fundo, sou muito sozinha. Há dez anos, fui diagnosticada com ansiedade e depressão e, na ocasião, comecei a tomar um antidepressivo, mas acabou que parei por conta própria. Hoje, quando tenho alguma crise, escondo do meu marido e da minha filha, pois não quero me sentir uma mulher fraca. No entanto, isso tudo acaba comigo. Tenho, quase o tempo todo, a sensação de estar exausta e sem ânimo para fazer nada. Para piorar, quando penso em procurar um psiquiatra, logo desisto, pois não tenho coragem de ir e não quero que ninguém saiba que não estou bem de novo. Você pode me ajudar?

Obrigada,

Bárbara

Cara Bárbara,

"A verdadeira aceitação só acontece quando você apresenta um eu autêntico e imperfeito para o mundo." Foi o que escreveu a autora e pesquisadora americana Brené Brown. O objeto de estudo dela é a vergonha. E, para mim, isso tem tudo a ver com a carta que você me mandou. Até porque é isso que a tem impedido de procurar a ajuda de um especialista, não é mesmo? No entanto, você não é perfeita, minha cara. E ir atrás de um psiquiatra não vai fazer de você uma mulher fraca, como você sugeriu na carta. Desista agora dessa ideia e, por favor, nunca pare de tomar uma medicação por conta própria, combinado?

Como alguém que também sofre de ansiedade e depressão, o que tenho a dizer é que, na minha opinião, você deve fazer o oposto. Ou seja, procurar ajuda, conversar com a família e, enfim, mostrar-se a quem você ama. Por que fingir que está tudo bem quando não está? Cadê a coragem de ser imperfeita? É óbvio que isso tudo acaba com você, minha cara. É um fardo pesado para se carregar sozinha, você não acha? Portanto, seja você mesma. Uma mulher forte, que ama o marido e a filha e é capaz de encarar qualquer problema. Ninguém vai deixar de amá-la e isso pode ajudá-la a criar uma rede de apoio.

Por que insisto nisso? Porque mostrar-se talvez seja a única forma de superar a vergonha, que é o maior inimigo que se impõe a você neste momento. Fora isso, além de coragem para agir, você vai precisar ainda de uma certa dose de autoaceitação. Ou seja, é necessário que você aceite quem é e tenha clareza para discernir quando, como e, sobretudo, para quem pedir ajuda. Sei que convencer um ansioso a agir não é uma tarefa simples, mas tudo que você precisa agora é de amor e de um tratamento adequado. Portanto, vá atrás disso, Bárbara. Torno a dizer que você não é uma mulher fraca.

Por fim, gostaria de pedir a você que, ao conversar com a família, seja honesta e conte como você se sente. Estou certo de que você vai ser acolhida com carinho e atenção. Foi o que tentei fazer aqui e espero ter conseguido, pelo menos, um pouco. Volte, por favor, a procurar um psiquiatra, pois somente ele vai poder ajudá-la a lidar com a ansiedade e a depressão da forma certa. Não tenho dúvida de que você vai sair mais forte de todo o processo. Então, vá em frente. Decida ser a protagonista. Pois, como também escreveu a Brené, "somente ao assumir uma história, é que se pode escrever o fim dela".

Um grande abraço,

Estranho

Não apenas uma gorda

04/02/2016

Caro Estranho,

Tenho 18 anos e sou gorda. Ou melhor, sou apenas uma gorda. Pelo menos, é assim que sou vista por todo mundo. A minha própria família diz que, por eu ser gorda, não serei ninguém na vida. Isso sem falar no aspecto amoroso. Na maior parte do tempo, considero-me feia e indesejável. Gostaria, de verdade, de ser outra pessoa. Eu já tentei e até consegui emagrecer um pouco, mas nunca o suficiente.

O lance é que eu conheci um cara no Tinder. Nós saímos e transamos. Até então, eu era virgem e nem sei se queria mesmo ter transado. Nunca liguei muito para isso. Às vezes, acho até que sou assexuada. Não senti prazer, nem nada, mas fingi, para não desapontar o garoto. Transei também porque minhas amigas me zoavam e porque houve essa oportunidade. Porém, depois, me senti péssima por isso.

Após um tempo sem me procurar, esse cara reapareceu e marcamos outro encontro. Sinceramente, não sei por que insisti. Enfim, transamos de novo. Sei que jamais teremos uma relação monogâmica, mas eu só queria saber se ele me acha bonita ou quer apenas me comer. Afinal, como já disse, eu sou gorda. Algo que ninguém quer por perto. Não sei o que fazer, nem o que pensar. Só queria não existir.

Obrigada pela atenção,

Manu

Cara Manu,

Não sou e nunca fui gordo. No entanto, lembro de ter chorado quando, certa vez, uma amiga minha quebrou uma cadeira em um churrasco e me pediu, envergonhada, para irmos embora. Também pude ver minha irmã ser humilhada por um médico e, mais de uma vez, ser ofendida apenas por ser gorda. Outra colega minha desenvolveu uma anemia severa por conta de uma dieta absurda combinada com um perigoso inibidor de apetite. O que quero dizer é que ninguém precisa estar acima de um determinado peso para saber como o ser humano pode, sim, ser cruel e nefasto diante do diferente.

A gordofobia, assim como todo e qualquer preconceito, é um pensamento estúpido, produzido pelo próprio homem. Portanto, ela diz respeito a todos nós. Digo nós, porque não me eximo de culpa e gostaria, inclusive, de aproveitar este espaço para lhe pedir perdão. Ao ler a carta que você me escreveu, pensei no quanto você deve ter sofrido e ainda sofre por ser gorda, não é mesmo? Você tem noção do estrago que causamos aí dentro, Manu? Não foi pouco. Por isso, quero convidá-la a raciocinar comigo para, juntos, tentarmos arrumar essa bagunça e jogar fora tudo aquilo que for lixo.

Antes, quero que você saiba que não é "apenas uma gorda", certo? Além disso, sob hipótese alguma, ser gorda faz de você uma mulher feia ou indesejável, mesmo que alguém diga o contrário. Quanto ao garoto do Tinder, o que a faz pensar que ele não pode ter gostado de você? Se você fosse magra, você acha que ele teria agido de outra forma? E essa família que não a respeita? Seria diferente se você estivesse dentro do padrão de beleza imposto por ela? Quero que você resista à tentação de atribuir tudo isso ao fato de você ser gorda, minha cara. Você ainda tem muito trabalho pela frente.

Quer um palpite, Manu? Você pode até achar que sim, mas emagrecer, por si só, não vai resolver esses problemas. Você terá de se amar e ir mais fundo se quiser sair desse lugar frio e solitário. Daqui pra frente, você precisa enxergar a beleza que há por trás desse muro de negação. Se cada um de nós tem um rosto diferente e uma impressão digital única, por que somos todos obrigados a ter corpos magros e, se possível, idênticos? Isso é loucura, minha cara. Todo corpo pode ser bonito. Vou ainda mais longe. Todo ser humano pode ser bonito. Eu não a conheço, mas tenho certeza de que você é linda.

Um grande abraço,

Estranho

#decepcao

O engano do pacote completo

30/06/2014

Caro Estranho,

Há muito tempo procuro alguém para desabafar. Alguém que não faça parte da minha vida. Tenho tudo de que preciso para viver. Uma família, que está longe de ser perfeita, alguns amigos, muita saúde e um emprego. Porém, isso não tem sido o bastante. Não para mim.

Moro com os meus pais e irmãos. Como estou com 30 anos, isso me deixa um tanto frustrada. Não entendo o que fiz de errado. Eu, que sempre planejei casar e ter filhos o mais rápido possível, me vejo hoje como um verdadeiro fracasso.

Percebo a cobrança nas indiretas dos meus familiares e não me importaria com isso, se essa também não fosse a minha vontade. Às vezes, me pergunto por que não posso seguir em frente e ser uma pessoa "normal". Quando vejo uma grávida na rua, penso se um dia isso acontecerá comigo.

Enfim, sinto que não serei completa se não gerar um filho, não tiver meu próprio lar, uma família minha e alguém por quem voltar para casa. Sei que devemos ser felizes apesar das circunstâncias e entendo que ninguém pode fazer isso por mim. Só que cansei de ser feliz sozinha.

Obrigada,

Mariana

Cara Mariana,

Você não fez nada de errado. Acredite em mim. Entendo a frustração e não a menosprezo, mas peço que esqueça, por favor, a ideia de fracasso. Antes mesmo de começarmos, apague essa autoimagem equivocada e pegue um pouco mais leve com você mesma, pode ser?

Sinceramente, Mariana? Temo que você tenha caído no engano do pacote completo. Aquele que vem com um marido, um filho e uma casa, sabe? Bastante recomendado para mulheres acima dos 30 anos. Sei que, mesmo sem qualquer garantia, você comprou um desse há muito tempo, mas parece que algo não deu certo na hora da entrega, não é mesmo?

Sinto informá-la, minha cara, mas esse pacote nunca chegará. Não da forma que você imagina. Sabe por quê? Porque ele simplesmente não existe. É apenas uma ideia, um produto inventado para que mulheres como você se sintam "anormais" e incompletas. Uma fórmula antiga que, no entanto, ainda hoje é capaz de gerar tanta ansiedade e sofrimento.

Não há nenhum problema em querer casar, engravidar e sair de casa. São vontades legítimas. Entretanto, você percebe que esse grande sonho envolve, pelo menos, três projetos diferentes? Consegue enxergar que nem todos eles dependem só de você? Não há planejamento que resista ao acaso, Mariana. O inesperado acontece o tempo todo.

Basta olhar ao redor. Você conhece alguma mãe adolescente e solteira? Ou alguma ex-colega de faculdade que tenha largado tudo para viajar mundo afora? Tem alguma vizinha que more com um gato ou um cachorro? Eu mesmo tenho uma amiga que casou, engravidou e, antes de dar à luz, se separou. Sabe o que essas mulheres têm em comum? Todas elas querem ser felizes. Tanto quanto você. Não é preciso dizer que as possibilidades para isso são infinitas.

Portanto, sugiro que pare de esperar pelo pacote-padrão e não caia na tentação de comprar outro. Em vez disso, comece a preparar um sob medida para você. Mesmo que, no fim das contas, ele contenha exatamente um marido, um filho e uma casa. Ainda assim, ele será exclusivo. Acrescente um item de cada vez, tome o tempo que achar necessário e ignore a cobrança de quem quer que seja. É a única forma de desfazer o engano.

Um grande abraço,

Estranho

A luz que apaga a sombra

21/01/2016

Caro Estranho,

Tenho 17 anos e seria uma menina comum, não fosse pelo fato de eu sofrer muito por algo que, infelizmente, me foi designado. Sou filha de uma mulher que não quis ser mãe. Sempre ouvi meus amigos elogiarem as mães deles, mas comigo nunca foi assim.

Desde cedo, aprendi a me amar e me virar sozinha. Sofri anos com a violência física e verbal de uma mulher que sempre me culpou por tudo. Essa mulher, que até hoje tenho vergonha de chamar de mãe, aos poucos, me transformou em um saco de pancada.

Talvez por instinto de sobrevivência, cresci com uma estrutura psicológica capaz de aguentar qualquer explosão dela. Porém, agora que preciso tomar um rumo na vida, não sei quem eu sou e morro de medo de tudo. Sei que jamais poderei contar com o apoio dela, nem de ninguém. Será que viverei para sempre na sombra dessa mulher amargurada? Ou conseguirei encontrar o meu lugar no mundo?

Obrigada,

Lívia

Cara Lívia,

No fim do ano passado, em um de nossos raros encontros, uma amiga me confessou. "Após me tornar mãe, descobri o que há de melhor e de pior em mim." Logo depois, um pouco envergonhada, ela se defendeu. "Veja bem, ser mãe é maravilhoso, mas também pode ser algo solitário e, às vezes, desesperador." Obviamente, não sei e nunca saberei o que é ser mãe. No entanto, após um esforço empático, acho que entendi o que essa minha amiga quis dizer.

O que sei, Lívia, é que toda mãe, antes de tudo, é um ser humano. Portanto, cada uma tem uma história diferente e, diante disso, tenta dar ao mundo o melhor que tem a oferecer. Lamento que você tenha recebido tão pouco nesse sentido, minha cara.

Não deve ter sido fácil conviver durante tanto tempo com uma pessoa aparentemente egoísta e frustrada. Inclusive, gostaria de parabenizá-la pela sinceridade com que você me escreveu e por ter chegado até aqui.

Não posso, não devo e não vou dizer a você que ela vai mudar. Dificilmente, alguém se transforma tanto. Quem pode melhorar, neste caso, é você. Ninguém mais pode consertar isso, concorda? O que você precisa fazer é aceitar esse fato para, de alguma forma, transcendê-lo. "Eu não tive uma mãe carinhosa." Repita isso em voz alta até se convencer. Somente assim será possível acender uma luz para, então, apagar essa sombra que ela projetou sobre você.

Estou certo de que, em algum momento, você será capaz de entendê-la e, quem sabe, até perdoá-la. Entretanto, perdoar não significa aceitar tudo ou esquecer o que aconteceu, mas sim, seguir em frente sem deixar que o sofrimento tome conta de você. De certa forma, é o que você tem feito, não é mesmo? Eu sei que dói, minha cara. Dói muito. Também sou filho. Porém, você precisa se libertar dessa mágoa, antes que ela vire rancor ou ressentimento.

Às vezes, aceitar a verdade é a única solução possível, Lívia. Ou melhor, quase sempre é. Por isso, aceite essa mulher que, apesar de tudo, você ainda chama de mãe. Tente se desvencilhar do que a faz sofrer, mas não se culpe por isso. Nem se compare a ninguém. Volto a dizer que não sei e nunca saberei o que é ser mãe. Contudo, você talvez venha a saber, certo? Se isso acontecer, espero, honestamente, que você consiga ser a mãe que gostaria de ter tido.

Um grande abraço,

Estranho

Há força por trás da fraqueza

30/06/2017

Caro Estranho,

É normal viver em um casamento onde só há briga e desentendimento? Sei que a vida em casal é uma experiência muito difícil e já perdi qualquer expectativa de uma relação sem conflito. Porém, o problema é que me sinto cada vez mais acuado e menos animado para persistir.

Ela me diz que sou fraco. Sim, sou mesmo, e não há muito que fazer. Eu absorvo tudo e sofro por pouco. É muito desgastante. Não quero abandonar meu casamento e nossa pequena filha, mas gostaria de saber até onde vale a pena se esforçar. Será que é preciso discutir tanto?

Gostaria de melhorar, ser uma pessoa funcional e ajudá-la mais. Só que ela implica com a minha própria natureza. Com o fato de eu estar sempre triste. No geral, sou uma pessoa mais melancólica. Eu quero mudar, aprender a ser feliz. É meio absurdo, mas é o que me resta.

Obrigado,

Heron

Caro Heron,

Não, você não é fraco, e há muito que fazer, sim. Você me parece estar desmotivado, mas desesperado por alguma mudança. E a verdade incontestável é que, se você quer que algo seja diferente, você tem de mudar a si mesmo, meu caro. Entendo como você se sente e sei também que ser casado dá bastante trabalho. É fato que você tem e sempre terá a opção de se separar. No entanto, creio que você não conseguirá tomar qualquer decisão nesse sentido agora. Pelo menos, não sem antes tentar arrumar essa bagunça que se instalou aí.

É claro que é normal brigar quando se está casado e você sabe disso, Heron. Entretanto, a função de uma briga é rever e melhorar a relação. Caso contrário, sempre acho que não compensa comprá-la. Ou seja, você me pergunta até onde vale a pena discutir, certo? Para mim, até o ponto em que a discussão trouxer algo de novo ou positivo. É isso que tem acontecido entre vocês? Desconfio que não. Portanto, sugiro que, em vez de entrarem em conflito, vocês conversem para saber aonde querem chegar. Ouçam um ao outro. Tentem.

"Não quero abandonar meu casamento e nossa pequena filha." Aí, há um outro engano muito comum. Você sabe que se separar não tem nada a ver com largar essa criança que você tanto ama, não é mesmo? Seja como for, você nunca deixará de ser o pai dela. Sei que tudo isso é muito óbvio, mas a minha intenção, além de ouvi-lo, é fazê-lo enxergar o que você já conhece e, de certa forma, obrigá-lo a olhar com mais compaixão para si. Afinal, sinto que ainda lhe falta um pouco de autoaceitação, e isso nos leva a uma outra questão.

Não sei ao certo o que você quer dizer quando se define como uma pessoa melancólica. Por isso, devo lhe perguntar se você já procurou alguma ajuda profissional e, se não, sugerir que o faça. Ninguém terá o poder de transformá-lo, mas você tem como se ajudar, meu caro. Se você está certo de que parte do problema é você, assuma isso e mude. Tentar aprender a ser feliz não é um absurdo, e fico contente com o fato de você estar disposto a ir atrás. Da minha parte, peço perdão se a ajuda foi pouca ou nenhuma, mas a verdade é que só tenho um conselho. Seja quem você quer ser, Heron. Há força por trás da fraqueza.

Um grande abraço,

Estranho

Não há por que não tentar

07/07/2017

Caro Estranho,

Já faz algum tempo que uma inquietação se apossou de mim. Tenho 24 anos, sou solteira e virgem. Talvez, neste mundo tão moderno, isso seja um motivo de espanto, pois quase todos começam muito mais cedo. A verdade é que quero dar um start na minha vida sexual, mas tenho medo do julgamento alheio. Principalmente, do que a minha mãe vai pensar.

Sei que parece brega, mas tenho receio de decepcioná-la ao fazer isso antes de me casar. A minha família funciona à moda antiga. Porém, sinto que já perdi tempo demais por medo e, agora, é isso que quero. Conheci um homem que me passa a confiança da qual preciso e estou disposta a tentar com ele. Só que essa aflição ainda vem à tona. O que devo fazer?

Muito obrigada,

Martha

Cara Martha,

Apesar de sempre ter me considerado gay, a minha primeira vez foi com uma menina. Ou melhor, com uma mulher. Eu tinha 16 anos e ela, 18. Foi tudo bastante estranho, mas não chegou a ser ruim. Eu não sabia ao certo como agir, e ela me ajudou com carinho, pois já havia feito sexo antes. Até hoje, lembro-me da sensação de alívio que tomou conta de mim quando quebrei o tabu da virgindade. Assim como acontece com você hoje, naquela época, era um medo que eu tinha e, por ter sido um adolescente influenciável, eu me sentia cobrado e sofria um certo *bullying* por parte de um ou outro amigo mais adiantado.

Após essa minha tímida primeira tentativa, cheguei em casa ansioso para compartilhá-la com alguém. Procurei o meu irmão mais velho e, depois de ser recebido com algum constrangimento da parte dele, fui atrás da minha mãe, pois sabia que haveria uma abertura. Ela me ouviu com atenção e seriedade, porém, em uma cena quase tragicômica, pôs-se a chorar. Espantado, perguntei se estava tudo bem, mas logo entendi o motivo do pranto. O segundo menino dela tinha virado um homem, e ela estava feliz por isso. Então, após enxugar o rosto, ela me fez uma única pergunta. "Foi gostoso?" Eu respondi que sim.

Tive vontade de lhe contar essa pequena história, Martha, apenas para dizer que querer falar com a própria mãe, ou com qualquer outra pessoa, sobre a primeira vez é comum. Não é certo ou errado e, sem dúvida alguma, também não é obrigatório. Se você acha que será julgada ou decepcionará alguém por isso, guarde esse momento com e para você. Ou procure alguém em quem você confie para desabafar. Sei que, infelizmente, na nossa sociedade, tudo é mais difícil para a mulher. Por isso, não quero e nem devo me comparar a você, mas estou aqui para ouvi-la, se você quiser. Seja como for, o mais importante é você ter em mente que essa etapa prestes a começar, antes de tudo, só diz respeito a você.

Quanto à indecisão que você parece demonstrar, aceite que ela não existe, minha cara. Você já sabe o que quer e isso está claro na carta que me escreveu. Também é certo que, não raro, o medo nos priva do lado bom da vida. Portanto, se me permite, o meu conselho é que você dê o *start*, sim, e se jogue sem olhar para trás. Tente viver algo prazeroso com essa pessoa que lhe passa a confiança necessária. O fato de você ter 24 anos não significa absolutamente nada. Esse foi apenas o tempo que você levou para se sentir pronta como está agora. Vá em frente, Martha. Dê vazão a essa energia que está presa aí dentro. Espero que, quando alguém lhe perguntar se foi gostoso, você também possa responder que sim.

Um grande abraço,

Estranho

O medo de ser de carne e osso

10/09/2014

Caro Estranho,

Não sei ao certo quem sou. Meu objetivo de vida é ganhar dinheiro e investir.. Em uma conversa com alguém importante, só consigo ter como base do assunto interesses como negócios, situações de risco e por aí vai. Além disso, quando parto para o início de uma amizade, não consigo falar sobre mais nada. Não me vem nada em mente, sabe? É difícil começar uma conversa interessante.

Eu não tenho amigos e, quando faço uma amizade ou a pessoa se interessa por mim, eu desanimo facilmente dela. É como se eu não desse valor e só notasse a falta tarde demais. Será que sou egoísta? Tenho problemas para socializar até mesmo no trabalho. Eu me considero inteligente, tenho uma criatividade aguçada e sou bom de cama, mas não sei fazer amigos. Simplesmente, não sei como resolver meu problema.

Obrigado,

Fábio

Caro Fábio,

Não me espanta o fato de você não saber ao certo quem é. Você não se conhece justamente por não ter amigos e, aparentemente, não demonstrar interesse pelo outro. Como quase sempre acontece, a solução do problema está na própria carta. Consegue perceber? Portanto, você tem uma resposta. Todos nós dependemos do contato humano para nos encontrarmos no mundo. Com você, meu caro, não é diferente.

No entanto, não se preocupe. Posso lhe garantir que isso não faz de você um egoísta. Pelo contrário. Você tem consciência do que o fez entrar em contato comigo e sabe o quanto isso o incomoda, não é mesmo? No fundo, o desânimo e a falta de interesse que o acometem encobrem uma vontade e, ao mesmo tempo, um medo de interagir. Sem dúvida, socializar não é algo simples. Porém, você quer pertencer. Só não sabe como.

Por isso, tenho algo a lhe dizer. Toda e qualquer amizade nasce da empatia. Ou seja, do poder que temos de nos colocarmos no lugar do outro. Já tentou pôr isso em prática? Perdoe-me se estiver errado, mas acredito que não. Caso eu esteja certo, sugiro que tente. Quando não conseguir começar uma conversa, pare de pensar no que falar e apenas escute. Ouça com atenção. Todo mundo tem algo a dizer. Quando estiver com alguém, procure encontrar o que há em comum entre vocês. Sempre há algo.

Outro obstáculo a ser superado é saber se mostrar vulnerável e até mesmo inseguro. Não há nada de errado em querer ganhar dinheiro e investir, mas será que você realmente só quer falar sobre isso? Sinceramente, tenho certeza de que não. Na carta, você se apresenta como um cara inteligente, criativo e experiente. Tudo isso é ótimo, mas cadê o resto? Um ser humano também se faz de fraqueza, Fábio. Não tenha medo de ser de carne e osso. Exponha-se. Seja espontâneo. Ninguém quer se aproximar de alguém perfeito. Até porque é chato, concorda?

Então, é isso, meu caro. Acho que tivemos uma conversa aqui, não? Você se arriscou ao falar abertamente sobre uma dificuldade e eu pude me identificar com ela, graças à minha humanidade. Agora, é só colocar isso em prática e treinar. Exatamente como você fez comigo. É como qualquer outra habilidade. Aos poucos, você começará a descobrir quem é. Não é maravilhoso isso? Eu acho. Pode parecer confuso, mas é assim que funciona.

Um grande abraço,

Estranho

O medo de não fazer nada

19/05/2015

Caro Estranho,

Há anos, tento fazer com que meus projetos deem certo e, como sempre, fracasso. São ideias para roteiros, animações, quadrinhos e livros. No momento, atuo em outra área e consigo me comprometer com meu trabalho. Porém, quando é a vez de fazer algo por mim, não consigo ter foco e força de vontade.

Tenho inúmeros personagens, alguns desenhados, outros rascunhados, mas todos aqui, parados, e isso me frustra. Às vezes, parece que sou sugado por um vórtex de pura insatisfação. Constantemente, aparecem supostas oportunidades. Porém, quando procuro saber sobre a empresa que busca "novos talentos", descubro que se trata de alguma falcatrua.

Quando encontrei este blog, não sei se consegui entender a proposta, mas cá estou. Mais um desabafo de alguém frustrado aos 30 e tantos anos. Sei que não sou o único que sempre tenta fazer algo e não consegue. Não sei o que você pode fazer por mim, mas não espero nada de mais. Enfim, obrigado por se importar com alguém.

Um grande abraço,

Pedro

Caro Pedro,

Há uma frase do filósofo Alain de Botton que, para mim, é como um mantra. "O trabalho só começa", diz ele, "quando o medo de não fazer nada supera o medo de errar". Faça um favor para mim, Pedro. Ou melhor, para nós. Pegue um papel, anote isso e coloque em algum lugar bem visível. Pode ser? Obrigado. Agora, voltemos ao zero, que é de onde tudo se constrói.

Desde pequeno, eu sempre quis ser escritor. Até hoje, não sei se sou ou se serei. Não sei nem ao certo o que isso significa. O que sei, Pedro, é que sofro toda vez que me sento para escrever. Sem exceção. Qualquer espaço em branco me enche de ansiedade e medo. Agora mesmo, enquanto escrevo para você, estou inseguro. Sempre foi assim e sempre será.

Para evitar tudo isso, durante muito tempo, juro que tentei não fazer nada. Porém, também não deu certo. A inquietação e o sofrimento tomaram conta de mim. Tenho certeza de que você sabe o que é isso, não é mesmo? Portanto, meu caro, sugiro que você comece a dar vazão ao impulso criativo que mora aí dentro. Não é algo simples, mas tentar abafá-lo é pior. Acredite em mim.

Por que digo isso? Porque está claro para mim que você tem algo a dizer. Há uma história que precisa ser contada. Cada personagem que está parado, como você mesmo diz, é uma parte de você que quer ganhar vida. Não tenha medo de se expor, Pedro. Só fracassa quem nunca tenta. Escreva por você e para você. Não se preocupe em agradar ninguém.

Quanto ao mercado, vamos deixá-lo de fora, pelo menos, por enquanto. Saiba apenas que sempre haverá espaço para todos nós. Por ora, abra mão de qualquer ideia de grandeza, orgulho ou vaidade. O que importa é o que você tem a dizer, e não o que será lá na frente, certo? O momento agora é de sentar-se e escrever. Ou seja, trabalhar. Nunca é fácil, às vezes dói bastante, mas sempre vale a pena.

Um grande abraço,

Estranho

O preço da liberdade de escolha

09/11/2015

Caro Estranho,

Não sei ao certo o que faço aqui. Já que não o conheço, acho que não faz mal eu parecer meio louca. Tenho 24 anos e sofro de um problema chamado prisão psicológica. Não, essa doença não existe. Fui eu que acabei de inventar. O fato é que não consigo sair do lugar.

Já conheci homens lindos, inteligentíssimos e bem-sucedidos que me pediram em namoro, e não consegui dizer sim. Trabalhei em ótimas empresas, dessas que todo mundo se mata para entrar, mas pedi demissão. Comecei a autoescola, e larguei pouco antes da prova prática. O mesmo aconteceu com a faculdade, que abandonei no último semestre.

Enfim, tenho uma lista enorme de tarefas que não concluí. É como se a minha vida não passasse de fase. Não sei dizer se é algum medo, se é a minha mudança constante de ideia ou apenas uma ansiedade crônica. Não consigo deixar tudo fluir e permaneço aqui sozinha, desempregada, no mesmo lugar. Parece que algo me impede de seguir em frente.

Namastê,

Cansada

Cara Cansada,

Tenho um amigo de infância que sempre quis ser professor. Ele pôde estudar em um ótimo colégio, foi um excelente aluno e, anos depois, cursou direito na maior universidade do país. Daí em diante, estagiou e atuou na área, sempre em algum grande escritório. Contudo, após encher alguns de orgulho e outros de inveja, não teve jeito. Ele abriu mão da antiga e promissora carreira, ao se dar conta de que, ali, ele nunca se sentiria realizado.

Assim como você, Cansada, meu amigo foi alguém privilegiado. No entanto, o que ninguém lhes avisou é que, quando se trata de satisfação pessoal, todo privilégio é ilusório. A liberdade de poder escolher o que se quer cobra um preço e gera ansiedade. Afinal, toda escolha implica uma renúncia, não é mesmo? Só que não sabemos lidar com isso. É um paradoxo. Somos mais livres do que jamais fomos, mas nunca estivemos tão angustiados.

"Não sei ao certo o que faço aqui." Não é interessante que você tenha começado a carta com essa frase? Você só está perdida, minha cara. Eu também não a conheço, mas sei que você é uma mulher bonita e inteligente que apenas não sabe para onde ir. Alguém que teve um excesso de oportunidades, mas nem sempre conseguiu escolher entre elas. Não se culpe agora. Isso não é algo ruim. É um sinal de que você ainda tem muito trabalho pela frente.

Por onde começar? Antes de tudo, sugiro que você esqueça qualquer ideia de merecimento. Inclusive, algo que me chamou a atenção foi você ter usado a expressão "namastê" para se despedir. Uma saudação cuja origem está ligada a humildade. Releia a carta que você me mandou, Cansada. Você percebe que, ao longo dela, você vai do orgulho à vergonha? Fuja tanto de um lugar quanto do outro, minha cara. O que você procura está no meio.

Agora, a partir daí, aceite o fato de que não existe algo como a opção certa. Cada escolha traz consigo o risco do remorso e do arrependimento. Somos obcecados pela certeza. Porém, temos de aprender a aceitar e conviver bem com a dúvida. Diante disso, aí sim, você poderá inventar a vida que quiser. Ela certamente será imperfeita, mas adequada para você. Não há fórmula ou modelo a seguir, e também não adianta querer copiar a do colega ao lado.

Ah, quanto àquele meu amigo? Ao completar 30 anos, ele deixou de trabalhar como advogado e foi dar aulas de história para alunos do ensino médio. Ele mesmo diz ter demorado a encontrar o próprio caminho e, de vez em quando, ainda se questiona, mas garante estar mais satisfeito. É verdade que, hoje, quando reunimos a turma, ele desperta muito mais a indignação do que a inveja alheia. Em mim, no entanto, ele só encontra admiração e respeito.

Um grande abraço,

Estranho

O tempo certo de cada um

24/08/2017

Caro Estranho,

Há pouco tempo, reencontrei uma colega de escola. Nós éramos os melhores alunos. Acontece que hoje ela é incrível, faz o curso que sempre quis, corre atrás do que quer, enquanto eu permaneço na mesma situação. Ainda moro com os meus pais, faço faculdade e não trabalho.

Na verdade, a questão aqui é que essa colega viu algo em mim e, agora, estamos juntos e apaixonados. No entanto, tenho a constante sensação de que ela é demais para mim e que, a qualquer hora, do nada, ela vai me deixar. Só que não quero perdê-la e ter o coração partido.

Tenho a impressão de estar sempre por baixo. Sinto que até possuo um grande potencial, mas a ansiedade, a insegurança e, talvez, a depressão me impedem de fazer algo útil com a minha vida. Desisto de tudo que eu começo, pois nada faz sentido para mim e logo perco o interesse.

Muito obrigado,

Edson

Caro Edson,

A poetisa Cora Coralina, que era doceira de profissão, viveu uma vida humilde, mas entrou para a história da literatura brasileira, ao publicar um primeiro livro com quase 76 anos. Já o também poeta Castro Alves, que teve um papel importante no combate à escravidão, morreu de tuberculose aos 24. Digo isso, não para que você se compare a um ou outro, mas para que você perceba o óbvio. Ou seja, que cada um de nós tem um tempo diferente. Você não está adiantado, e nem atrasado. Não se preocupe, pois você está no lugar certo.

"A comparação é o atalho mais curto para a infelicidade." Há algum tempo, escrevi isso para uma jovem que se sentia inferior a todo mundo. Agora, sugiro que você, por favor, também pense nisso, Edson. A atitude de se comparar é contraproducente e não vai levá-lo a lugar algum. Além disso, como você já percebeu, ela gera ansiedade e insegurança. Isso porque sempre haverá alguém melhor ou pior do que você, meu caro. Então, enquanto não mudar de postura, você será assombrado por esse medo de ser insuficiente.

Fico feliz que você esteja apaixonado e seja correspondido, Edson. O mais curioso é que essa colega, ou namorada, parece enxergar em você justamente aquilo em que você, por enquanto, não acredita. Aquele grande potencial que você sente possuir, mas ainda não conseguiu pôr em prática. Estou certo de que ela se apaixonou por você, e não pelo que você faz, não é? Fique tranquilo, pois não acho que ela vá abandoná-lo só porque você ainda não trabalha. A propósito, vocês já conversaram sobre isso? Seria um bom começo.

"Todos estamos matriculados na escola da vida, onde o mestre é o tempo", escreveu a poetisa doceira. Você não está por baixo, e nem por cima, meu caro. Dê só um pouco mais de espaço a você mesmo. Curta esse namoro e, antes de tudo, fale como você se sente. Em vez de se comparar, por que não a ver como uma incentivadora? Ela pode ensiná-lo a ser incrível e correr atrás do que você quer. Você não precisa ser a Cora Coralina ou o precoce Castro Alves. Você é o Edson e está no tempo certo. Isso é muito mais do que o suficiente.

Um grande abraço,

Estranho

A única vantagem da inveja

09/06/2019

Caro Estranho,

Tenho inveja da minha melhor amiga. Você não sabe o quanto é difícil para mim admitir e lidar com isso, mas é o que sinto. O que me faz sofrer é que ela tem um marido ótimo e um filho recém-nascido, enquanto eu estou prestes a fazer 35 anos e não tenho nem um namorado. Sei que deveria me sentir feliz por ela, mas ela me faz lembrar de tudo o que eu quero e ainda não consegui. Afinal, por que não eu? Será que há uma forma de controlar isso?

Obrigada,

Fernanda

Cara Fernanda,

A inveja é algo que todo mundo sente. É, portanto, um sentimento inerente ao ser humano. No entanto, isso não quer dizer que ela deva ganhar força ou, pior ainda, tomar conta de você. Afinal, ela não deixa de ser um afeto tóxico, destrutivo e bastante perigoso. Quanto à melhor amiga, você está certa. Se você não consegue se sentir feliz por ela, você é invejosa, sim. E isso significa que você tem um trabalho pela frente. Contudo, você já deu um primeiro passo ao se ver de forma tão honesta e admitir o que ninguém confessa.

"Por que não eu?" Você questiona na corajosa carta que me escreveu. E eu lhe respondo. "Por que não ela? Ou ambas?" O problema, Fernanda, é que o invejoso acredita na escassez, e não na abundância. Ele não enxerga que há espaço e oportunidade para todo mundo. É o que acontece neste momento com você, minha cara. O fato de a melhor amiga ter o que tem não é, de forma alguma, um obstáculo para que você consiga o que quer, entende? Você não deve competir com ela. Caso isso ocorra, não se trata de uma amizade.

A única vantagem da inveja é que ela tem o poder de mostrar o que lhe falta. Ou melhor, o que você quer. No caso, um marido ótimo e um filho recém-nascido? Está certo. Não há nada de errado com isso. Vá em frente. Agora, você me pergunta se há como controlar a inveja, não é mesmo? Na verdade, não sei ao certo. O que devo dizer é que, quando eu a sinto, tento fazer isso. Ou seja, ouvir o que ela tem a me dizer. "O que eu quero?" É o que lhe pergunto toda vez que ela aparece. E, quase sempre, ela carrega consigo uma resposta.

Antes de encerrar, Fernanda, tenho uma sugestão a fazer. Tente conversar abertamente com essa melhor amiga. Sabe por quê? Pelo fato de que ela deve perceber que você a inveja. Decerto, ela nota que você não se sente feliz por ela. Não se pode fingir um afeto tão nobre quanto o amor. Se a amizade for recíproca, ela há de entendê-la. Talvez, ela também queira desabafar. Enquanto isso, não se culpe pela inveja, até porque você é um ser humano. Apenas aceite-a, não a deixe tomar conta de você e use-a de forma produtiva.

Um grande abraço,

Estranho

Não é só sobre o alcoolismo

05/06/2020

Caro Estranho,

Gosto de sair com a minha turma. Porém, há um problema. Sou explosivo e, quando bebo além da conta, sempre arranjo briga com algum amigo. Tento me controlar, mas não consigo. Tenho tanta raiva dentro de mim que uma amiga até me sugeriu procurar alguém para saber de onde vem isso. Não quero me tornar um alcoólatra, como o meu pai, mas também tenho receio de procurar um psicólogo. Só sei que me sinto envergonhado toda vez que perco o controle. Acredito que eu deva parar de beber. O que você acha? Tem algo a me dizer?

Obrigado,

Cadu

Caro Cadu,

Não cabe a mim responder se você é ou não um alcoólico. Logo, não vou cair na tentação de dizer se você deve ou não parar de beber. O que quero contar apenas é que, uma vez, estive muito perto do alcoolismo e, na ocasião, não gostei nem um pouco do que vi em mim e ao meu redor. Não foi só uma vez que me senti envergonhado por algo que fiz sob efeito da bebida. Já dei vexame em público, magoei bastante gente e quase me matei ao volante por pura inconsequência. Portanto, quero que você saiba que entendo como você se sente, meu caro. E isso é o suficiente para eu fazer o melhor que puder e tentar ajudá-lo.

O alcoolismo é uma doença complexa que possui, sim, um forte componente genético. Mas também um tratamento adequado. No entanto, antes mesmo de providenciar isso, na minha opinião, você deveria tentar descobrir de onde vem tanta raiva, Cadu. Por que será que você briga com quem ama? Apenas para começar. De outra forma, o que quero dizer é que você precisa se autoconhecer, meu caro. E sinto muito, mas aquela amiga está certa. Para isso, você poderá procurar a ajuda de um psicólogo ou de alguém da área. No meu caso, foi o que fiz e funcionou. Não há qualquer motivo para ter tanto receio.

Como quase tudo nesta vida, o álcool tem um aspecto bom e outro ruim. Para o bem ou para o mal, ele é capaz de revelar o que há de melhor ou de pior em quem o consome. E o que você me diz é que, por trás de um Cadu sociável, há um outro explosivo. É isso que o incomoda, não é mesmo? Ou seja, você consegue perceber que, no fundo, esta não é uma carta só sobre o alcoolismo? Mas também uma conversa sobre a raiva que mora aí dentro? Por isso, escrevo mais uma vez. Se tenho um conselho a lhe dar, procure alguém que possa ajudá-lo a se conhecer mais. E, caso você se descubra um alcoólico, faça o tratamento.

Portanto, apesar de desgastado pelo uso, o conceito por trás desta carta é o autoconhecimento. É dele que você tem de ir atrás. Somente assim, você entenderá o que acontece na ausência da sobriedade. E ter vergonha nessa hora é perda de tempo, Cadu. É um pouco irônico, mas até isso, inclusive, pode ser tratado com a ajuda de alguém treinado para fazê-lo. Basta que você dê o primeiro passo. E isso eu sei que você é capaz de fazer. Afinal, você já mandou uma carta para mim, para começar. Sinto muito se não dei a resposta que você gostaria, mas estou por aqui quando você precisar. Vá em frente, meu caro.

Um grande abraço,

Estranho

A beleza de ser contente

29/01/2016

Caro Estranho,

É a primeira vez que falo sobre isso com alguém. Tenho alguns grandes amigos e é sobre eles que preciso desabafar. Eu me sinto inferior a todos ao meu redor o tempo todo. Acredito que não consigo ser o bastante em nada e para ninguém. Você conhece aquela sensação de até ser boa, mas nunca a melhor? Então, eu estou cansada dela.

Obrigada,

Confusa

Cara Confusa,

Há muito tempo, no colégio, participei de uma gincana de português e quase venci. Fiquei em segundo lugar. Em uma outra competição, de matemática, também ganhei uma medalha. De prata. Na época do vestibular, não consegui entrar na faculdade que eu gostaria. Fiz o curso naquela que, então, era a minha segunda opção. Você sabe o que tudo isso me ensinou? Que não sou o melhor, mas sou bom. Suficientemente bom.

Após ler algumas vezes a pequena mensagem que você me mandou, Confusa, ficou claro para mim que não é sobre quaisquer grandes amigos que você precisa desabafar, mas sim, sobre o fato de não estar contente consigo mesma. Aliás, você já parou para pensar na origem da palavra contente? A raiz dela está ligada ao verbo conter. Ou seja, uma pessoa contente é alguém que se contém, que se basta, que cabe perfeitamente dentro de si.

Para simplificar, imagine que você tenha um copo. Uma peça única, de cor, formato e tamanho exclusivos. Sem igual no mundo. Conseguiu imaginar? O problema, minha cara, é que, enquanto você tentar preencher esse copo com o conteúdo de qualquer outro, ele sempre estará incompleto ou, então, transbordará. Em nenhum dos casos você ficará satisfeita com ele, concorda? A única solução, portanto, é encontrar o volume exato.

Infelizmente, vivemos em um mundo que estimula a competição em todos os aspectos da vida. No entanto, apesar desse fato inegável, nós não precisamos competir o tempo todo. Não nego que, muitas vezes, competir é algo estimulante e até saudável. Entretanto, a comparação também pode ser o atalho mais curto para a infelicidade. Além de gerar ansiedade, ela ainda abre espaço para a frustração, a inveja, o medo e o orgulho.

"Cada um rema sozinho uma canoa que navega um rio diferente." Isso é Guimarães Rosa. Você consegue enxergar a beleza dessa frase? No fundo, está tudo aí. Não adianta querer trocar a canoa ou o rio. Tente aceitar todas as medalhas que a vida lhe trouxer, mesmo que elas não sejam de ouro. Não se preocupe em ser a melhor, Confusa. Até porque isso não passa de uma ilusão. Se você conseguir ser alguém contente, já será o bastante.

Um grande abraço,

Estranho

Mentir também faz parte da vida

30/01/2018

Caro Estranho,

Tento ser uma pessoa melhor, mas não consigo. Sou ciumenta, invejosa, rancorosa e conto algumas mentiras para me enturmar, para que meus amigos criem simpatia por mim. Isso até me traz um conforto momentâneo. Porém, quando chego em casa, só quero chorar e me punir.

Aos 33 anos, não tenho uma profissão, nem um relacionamento. Portanto, enterro-me dentro de casa. Entro nas redes sociais, vejo todos felizes e isso me dá raiva. Por que não consigo ser igual? Não tenho força de vontade para mudar minha condição. Afinal, eu sempre me saboto.

Um abraço,

Estranha

Cara Estranha,

Quando era mais novo, durante um tempo em que estive desempregado, fiz de tudo para esconder a minha situação. Só consegui me abrir com um amigo que, por acaso, estava no mesmo barco. Era uma besteira, mas não queria que ninguém sentisse pena de mim ou me visse como um fracassado. Já em um outro momento, em uma fase crítica de ansiedade, ao mesmo tempo em que trocava uma mensagem qualquer no celular e fingia rir de tudo, eu chorava em um quarto escuro e trancado, sem compartilhar a minha dor com ninguém.

Sim, eu mentia. Ou melhor, ainda minto. No entanto, com isso, não quero dizer que seja certo ou errado fazê-lo, tampouco minimizar o estrago que isso pode causar. O que quero lhe contar, minha cara, é que mentir também faz parte da vida. De alguma forma, todo mundo mente. Seja por insegurança, orgulho ou vergonha, ninguém quer abrir mão de se sentir amado. A mentira é algo muito mais comum do que você imagina, Estranha. Em maior ou menor grau, ela está presente não só no Facebook e no

Instagram, mas na vida.

Agora, o que você pode fazer diante disso? Para respondê-la, vou buscar um conselho que dei na primeira carta deste projeto. Ou seja, deixe de ser quem você pensa que é e seja quem gostaria de ser. Afinal, você sabe o que quer, certo? Se é uma profissão, pode ser interessante você se ocupar com algo que lhe dê alguma satisfação. Sem pressão. Quanto ao amor, antes de tudo, ele deve ser trabalhado de dentro para fora. Comece pelo amor-próprio. Releia o que você me escreveu e, por favor, tente ser mais generosa ao se definir.

Peço perdão por parecer óbvio, mas você só vai parar de mentir quando começar a contar a verdade para si mesma. Você sabe que não pode se enganar, e é isso que a faz sofrer. Portanto, procure se amar mais, Estranha. Antes de esperar que alguém a ame. Não tenha raiva da felicidade alheia no Facebook. Ele é apenas um recorte da vida real. Entre menos lá e saia mais de casa. Enfim, vá atrás de quem você quer ser. Estou certo de que você é capaz. A mentira ainda será algo humano e inevitável, mas ela não terá mais tanta força.

Um grande abraço,

Estranho

Nunca é tarde para recomeçar

07/03/2021

Caro Estranho,

Tenho 46 anos e a impressão de que desviei do meu caminho. Parece que nada deu certo. Seja no campo amoroso, profissional ou em qualquer outro. Gostaria de descobrir onde foi que tudo começou a desandar e voltar para consertar. O problema é que me sinto cansado e triste. Dá até uma vontade de desistir. Sou bem qualificado, tenho um doutorado, mas não consigo me concentrar em fazer algo com isso. Escrevo para desabafar, pois vivo sozinho e o confinamento tem me tornado cada vez mais arredio e com vergonha de mim.

Um forte abraço,

Adão

Caro Adão,

Você já ouviu a canção *Preciso Me Encontrar*, gravada pelo Cartola? Se nunca a escutou, sugiro que o faça, pois foi ela que me veio à mente ao ler a carta que você me mandou. Lembrei também que o cantor, considerado pela crítica o maior sambista da história da música brasileira, só teve a oportunidade de gravar um primeiro disco-solo aos 66 anos. Ou seja, não preciso dizer isso, mas nunca é tarde para recomeçar, concorda? Você ainda é jovem, meu caro. E não há nada de errado com você. Há uma vida inteira pela frente e o que você precisa fazer é vivê-la.

Como quase todo mundo que me escreve, você está perdido, Adão. E, como diz o samba, você só precisa se encontrar. Concordo com você que seria interessante descobrir onde e como tudo começou a dar errado, mas devo dizer que não há como "voltar para consertar" o passado. Para seguir adiante, você deve se perdoar e aceitar o que já aconteceu. Antes de tudo, no entanto, sugiro-lhe também que procure uma ajuda médica ou psicológica para investigar o cansaço, a falta de concentração e a tristeza que você sente agora.

Quanto à vontade de desistir, peço-lhe que a esqueça, meu caro.

Ela não vai ajudá-lo em nada agora. O que você tem de fazer é lançar um olhar mais generoso sobre si mesmo. Tenho certeza de que, ao longo dos 46 anos que você viveu, nem tudo foi derrota, não é mesmo? Ter um doutorado, por exemplo, é uma grande conquista. Inclusive, devo parabenizá-lo por isso. Na carta que você me escreveu, há pouca informação, mas imagino que você já tenha acumulado alguma experiência de vida, certo? Portanto, que tal usá-la para tentar se reinventar?

"Se alguém por mim perguntar", diz o mesmo samba, escrito pelo Candeia. "Diga que eu só vou voltar quando eu me encontrar." É isso, Adão. Tome o tempo que for necessário, use todo o autoconhecimento que você possui e comece a criar uma nova realidade para si mesmo. Você não desviou de caminho algum. Afinal, a vida não nos garante nada e não possui um roteiro para cada um. Não há motivo para você ter vergonha, e sim orgulho. Por isso, o meu desejo é que você se encontre logo e volte para me contar uma nova história.

Um grande abraço,

Estranho

#lgbtqia+

O homem que você quer ser

10/03/2015

Caro Estranho,

Tentei entrar em contato com você antes, mas não consegui. Estou até com vergonha de digitar esta mensagem, mas estou muito angustiado. Vou tentar ser rápido.

Fui abusado por três pessoas na minha infância. Por um amigo do meu tio, aos nove anos, pelo meu tio, aos dez, e por outro tio, aos 13. Com este último, mantive relações sexuais até este ano. Hoje, estou com 21, e ainda sou apaixonado por ele, mas sei que não é certo.

Já fui a uma psicóloga e senti certo desprezo da parte dela. Ela me tratou como se eu fosse culpado por tê-lo deixado abusar de mim por tanto tempo. Mas não é isso que eu quero, de verdade. Às vezes, sinto nojo de mim mesmo e penso até em me matar. Porém, quando estou sozinho com ele, parece que entro em transe.

Quero conseguir dizer não a ele, me livrar desse peso horroroso e viver a minha vida sem me lembrar dessa relação. Tenho até medo de que isso não me deixe ser um bom profissional, já que a minha sexualidade é bastante aflorada.

Não posso denunciá-lo, pois a minha família é religiosa e ele tem um filho. Não quero prejudicar a vida do menino. Também não tenho dinheiro para fazer terapia ou me consultar com um psiquiatra. Por favor, ajude-me ou vou ter que sumir do mapa, pois é a única saída que vejo para o meu problema.

Um beijo,

Bruno

Caro Bruno,

Certa vez, a escritora americana Cheryl Strayed perguntou a uma pintora que havia sido estuprada três vezes o que ela tinha feito para voltar a se relacionar com outros homens. Ela disse-lhe então que há sempre um momento em que precisamos decidir quem nós permitiremos que nos influencie. "Eu podia deixar que os três homens que me violentaram me influenciassem, ou escolher ser influenciada por alguém como Van Gogh. Eu escolhi o Van Gogh."

Pensei nessa história ao ler a carta que você me mandou, Bruno. Sinto muito por tudo que lhe aconteceu e pela angústia que o motivou a escrever para mim. Sei que não foi fácil chegar até aqui e, por isso mesmo, devo parabenizá-lo. Não só pela coragem, mas pela superação. Como você sabe, não sou terapeuta e está claro para mim que você precisa de ajuda. Portanto, peço que, por favor, você não desista de procurar um tratamento adequado. Em muitas cidades, há lugares que oferecem atendimento psicológico gratuito.

Dito isso, o que tenho a lhe dizer talvez seja muito pouco, meu caro. Quero apenas que você saiba que eu acredito em você. Sobretudo, no que você pode vir a se tornar. Para mim, longe de ser alguém digno de nojo ou desprezo, você é um ser humano, cuja infância foi injustamente interrompida. Apesar da impossibilidade de apagar ou esquecer o que aconteceu, o importante é que você está aqui, aberto e disposto a fazer o melhor que puder.

Sabe, Bruno? Tenho algumas poucas certezas. É verdade que elas são frágeis, como todas as outras, mas me ajudam a seguir em frente. Uma delas é a de que a vida não é justa. Você sabe disso, não é mesmo? No entanto, também estou certo de que há sempre uma escolha a se fazer. Sempre. Ou seja, viver é escolher o tempo todo. Já parou para pensar nisso? Quando não houver escolha, é porque também já não há mais vida.

Por que digo isso? Porque, assim como a pintora lá do começo, você já fez uma escolha. Basta reler com atenção a carta que você me escreveu. Você escolheu ser o melhor Bruno possível. Um homem que foi violentado, mas que não quer ser para sempre refém desse passado ruim. Portanto, vá. Não deixe que nada abale a esperança que ainda mora aí. Escolha ser o homem que você quer ser. Desista apenas da ideia de desistir.

Um grande abraço,

Estranho

Entre o rosa e o azul

20/08/2015

Caro Estranho,

Sou uma menina normal, mas acho que, de alguma forma, não me aceito como sou. De uns tempos pra cá, o que me vem à cabeça é que eu queria ser um menino. Sei que parece estranho, mas não sei por que penso assim. Por isso, decidi falar com você.

Já criei alguns perfis falsos de garotos, apesar de achar isso errado e idiota. Conheci garotas pela internet e me apeguei a elas, sem que elas soubessem quem eu realmente era. O pior é que elas me fizeram tão bem, que até cheguei a me apaixonar por uma delas.

Sinto-me como se eu tivesse duas personalidades, como se eu fosse duas pessoas de sexos opostos no mesmo corpo. Porém, meu sonho sempre foi ser um menino de verdade, para poder fazer uma menina feliz. Não é que eu seja lésbica, pois sei que não sou.

Enfim, se você tiver alguma resposta para mim ou conhecer alguém como eu, por favor, me ajude.

Obrigada,

Laura

Cara Laura,

Quando eu tinha seis ou sete anos, no colégio em que eu estudava, havia uma garota chamada Amanda. Durante um tempo, toda manhã, quando nos reuníamos na quadra para cantar o hino nacional, a mesma cena se repetia. Aquela criança sardenta e sorridente alinhava-se à fila dos meninos, e lá permanecia até que algum professor viesse remanejá-la. Sem resistir, ela apenas obedecia.

Alguns anos depois, em uma aula de educação física, fomos à piscina. Estávamos todos ansiosos para entrar na água, quando o professor interrompeu o aquecimento para levar a Amanda à coordenação. Ao contrário das outras meninas da turma, que estavam de maiô, ela havia colocado um biquíni e se recusava a vestir a parte de cima. Dessa vez, porém, ela chorou e relutou bastante. Não sei que fim levou a Amanda. Não me lembro de tê-la visto depois desse episódio. No entanto, Laura, a carta que você me escreveu trouxe à tona a história dela. Assim como ela, você parece estar confusa e amedrontada. No fundo, o que você quer saber é a qual fila você pertence. Ou seja, quem você realmente é. Como leigo que sou, não posso respondê-la. Não sei nem mesmo se está ao meu alcance ajudá-la, mas você me procurou e, portanto, tentarei fazer o melhor que puder.

Desde muito cedo, você e eu aprendemos que há apenas a mulher e o homem, não é mesmo? O feminino e o masculino. A fila das meninas e a dos meninos. Entretanto, o que esqueceram de nos ensinar, Laura, é que essa divisão não condiz com a realidade. Na tentativa de explicar e, sobretudo, simplificar toda a complexidade do comportamento humano, essa classificação confunde, reduz, exclui e, consequentemente, causa sofrimento. Para a Amanda, para mim e para você.

Felizmente, com o tempo, a vida nos mostra que basta olhar para o mundo para perceber que, entre o rosa e o azul, há tons de todas as cores. Dentre eles, você pode escolher o que você quiser, minha cara. Ou misturá-los. Ou permanecer incolor. Não se preocupe em se definir ou se rotular. O que você sente é natural, acredite. Não há nada de errado com você. Pelo contrário. Fique tranquila, pois também não se trata de um caso de dupla personalidade. Esqueça essa ideia o quanto antes.

Cá entre nós, é sempre muito doloroso quando alguém me escreve e diz que não se aceita como é. Por conhecer essa sensação, sei o quanto você sofre. Ainda assim, peço que confie em mim. Você não precisa se esconder, Laura. Você pode ser quem você quiser. Quando quiser. Sem que isso a impeça de fazer alguém feliz. Antes, contudo, quero que você tente ser gentil consigo mesma. Afinal, seja como for, você merece viver em paz e desfrutar da alegria de se amar. Com todo o meu coração, não lhe desejo menos do que isso.

Um grande abraço,

Estranho

Quem espera nunca alcança

30/11/2015

Caro Estranho,

Tenho 32 anos, moro com meus pais e ainda não concluí minha graduação. Passo todo o tempo na faculdade, no trabalho e em casa. Dificilmente saio à noite e é raro eu conhecer pessoas novas. Nunca namorei e há anos não sei o que é um beijo. Isso me deixa triste.

Sei que existem inúmeras outras questões na vida mais importantes do que esta. Mas sou um romântico, um carente profissional, e esse desejo de viver um grande amor, desses de cinema, é algo latente em mim. Talvez, porque eu nunca tenha vivido isso plenamente.

Entretanto, ainda mantenho a esperança. De alguma forma, espero que me diga que tudo vai dar certo e que vou encontrar meu príncipe encantado. Aquele com quem viverei uma relação monogâmica e duradoura, como sempre sonhei. Porém, honestamente, o que você tem a me dizer? Você considera possível esse tipo de relação entre dois homens?

Sou ingênuo, eu sei. O problema é que essa necessidade de amar e ser amado me consome um pouco a cada dia. Pode parecer exagerado. Mas talvez um homem gay de 32 anos que nunca transou, namorou ou amou também seja um exagero, e nem por isso deixa de ser real.

Obrigado,

Gustavo

Caro Gustavo,

Você já escutou a canção *Bom Conselho*, do Chico Buarque? "Espere sentado, ou você se cansa", sugere a letra. "Está provado, quem espera nunca alcança." Não por acaso, lembrei dela logo após ler a carta que você me mandou. Sabe por quê? Porque é muito comum ouvirmos que o medo é um afeto incapacitante. No entanto, o que não enxergamos com a mesma clareza é que o excesso de esperança também pode nos impedir de agir. Ou, como escreveu

Geraldo Vandré, "esperar não é saber", não é mesmo? "Ainda mantenho a esperança", você me diz. "De alguma forma, espero que me diga que tudo vai dar certo." Consegue perceber o que quero dizer, Gustavo? Sei como você se sente e estou certo de que qualquer um de nós quer amar e ser amado. Não acho que isso, por si só, faça de você um ingênuo. Acredito apenas que o amor que você tanto procura só poderá acontecer quando você finalmente parar de esperar por ele. Ou seja, você terá de vivê-lo para aprender a separar o que é sonho daquilo que pode vir a ser realidade.

Peço perdão, caso eu pareça incoerente. Afinal, você me escreveu justamente para dizer que deseja viver um "grande amor", certo? Agora, eu é que lhe pergunto. Para isso, você está disposto a abandonar o conforto desse mundo idealizado? Você aceita se expor e se arriscar, sem garantia alguma de que "tudo vai dar certo"? Está pronto para deixar a esperança um pouco de lado e começar a agir, apesar do medo? Todas essas são perguntas que você precisa responder o quanto antes, meu caro.

Honestamente, Gustavo? Não posso negar que ter 32 anos e nenhuma experiência amorosa talvez o torne um ponto fora da curva. Entretanto, você concorda que o problema não está aí? Tampouco está no fato de você ser gay. É óbvio que eu considero possível uma relação monogâmica e duradoura "entre dois homens". É algo tão viável e natural quanto entre um homem e uma mulher. Inclusive, se você acha que não, sugiro que se livre também dessa ideia completamente equivocada.

Por fim, gostaria de lhe dizer que não, não existem "inúmeras outras questões na vida mais importantes do que esta". Pelo menos, não para você. Não minimize o que você sente. Se a falta de um relacionamento amoroso é algo que o entristece, ela deve ser questionada, sim. Porém, falar sobre ela não é suficiente. A palavra tem poder, mas não substitui a ação. Portanto, pare de esperar e vá atrás do que você quer, meu caro. A estrada que você precisa pegar é essa, logo à frente, entre a esperança e o medo.

Um grande abraço,

Estranho

Tudo isso vai melhorar

13/05/2017

Caro Estranho,

Sou gay, feio e nunca namorei. Meus pais não sabem dessa minha condição, e tenho absoluta certeza de que eles nunca vão aceitá-la.

Não aguento mais esconder quem eu sou e nem ouvir, dentro da minha própria casa, como ser homossexual é errado e pecaminoso.

Sempre fui rejeitado por ser gay e feio. Não tenho autoestima e não suporto me olhar no espelho. Até algum tempo atrás, evitava falar perto de qualquer estranho por ter vergonha da minha voz. Também odeio tirar foto e tenho algumas cicatrizes de acne no rosto.

A verdade é que me sinto completamente sozinho neste mundo. Guardo mágoa do que já me aconteceu e até penso em desistir. Enfim, me considero um lixo e sei que, no futuro, serei uma vergonha para a minha família. Escrevo apenas para não me sentir ainda mais só.

Obrigado por me ouvir,

Renato

Caro Renato,

Quando eu tinha 11 ou 12 anos, eu já sabia que era gay. Até então, na minha cabeça, só eu. Gostava de usar roupas largas e um cabelo mais ou menos como o do Kurt Cobain. Talvez, você não o conheça. Certa vez, no colégio, fomos nos reunir para tirar o retrato anual da turma e, ao escutar a minha voz, o fotógrafo não teve dúvida. Pediu que eu me alinhasse à fila da frente. No caso, a das meninas. Bastou meio segundo para que todos se unissem na mais grotesca e traumática gargalhada que já ouvi na vida. Acho que até a professora riu. Dali em diante, foram meses intermináveis de *bullying* e humilhação.

Muito pouco tempo depois, sem qualquer piedade, veio a temida acne. Fui a mais de um dermatologista, tentei antibióticos, cremes, pomadas, e nada daquilo funcionou para mim.

Cheguei, então, ao ponto de usar, escondido, a maquiagem da minha mãe, numa tentativa desesperada de apagar aquelas manchas vermelhas em uma pele excessivamente branca como a minha. É claro que o meu desastroso artifício não funcionou e fui literalmente desmascarado por uma colega. Mais uma vez, descoberto e constrangido.

Com isso, não quero me comparar a você, Renato. Menos ainda, menosprezar a dor que há aí dentro. No entanto, acho que deu para você perceber que entendo, nem que seja um pouco, como você se sente, não é mesmo? Não sei quantos anos você tem, mas o que quero lhe dizer é que tudo isso vai melhorar. E isso não é só um clichê de autoajuda, meu caro. É uma certeza. Entretanto, para que isso aconteça, além da força que você já tem, você terá de ter paciência. No meu caso, foram 24 anos para eu começar a me aceitar.

Quanto à família, não costumo ser tão assertivo. Contudo, ao ler a carta que você me escreveu, tive vontade de lhe sugerir que você se afaste desse ambiente. Ainda que apenas no plano psicológico. Como já citei neste mesmo espaço, temos de saber deixar para trás aqueles que não nos podem amar. E alguém que é incapaz de aceitá-lo, como você mesmo diz, também não está pronto para amá-lo, meu caro. Sinto muito. Seja por qual motivo for, o mundo já está cheio de pessoas que vão rejeitá-lo, Renato. E não é delas que você precisa agora, neste momento. Não são elas que você deve procurar ou tentar agradar.

Depois de morder, é hora de assoprar. Tente repensar algumas ideias que você tem sobre si, meu caro. Você não é apenas um gay. Antes disso, você é um ser humano, que quer ser feliz, como todos nós. Você também não é feio. Você se sente assim por causa de toda essa bagunça. Consegue perceber a diferença? Você tem um cartão ou um pedaço de papel a mão? Então, pegue-o, por favor. Escreva, de um lado, "tudo isso vai melhorar". Do outro, "não vou desistir de mim". Agora, guarde-o e leve-o para onde quer que você vá.

Um grande abraço,

Estranho

Somos todos capazes de amar

28/04/2015

Caro Estranho,

Nem sei como começar a escrever, mas eu não consigo ser feliz. Sou gay e a minha família não me aceita. Tenho cinco irmãs e nenhuma delas consegue me aceitar. Hoje em dia, elas nem falam comigo. Eu as amo muito, mas não sei o que fazer.

A única pessoa que me aceitou foi minha mãe. Só que, infelizmente, ela se foi e me deixou sozinho. Não consigo entender por que Deus a tirou de mim.

Eu já tentei não ser gay. Já fiz de tudo. Até casar, eu casei, mas não consegui manter a relação. Desde criança, eu sou assim. Já tentei várias vezes me matar por causa disso. Não tenho vontade alguma de viver.

Obrigado,

Henrique

Caro Henrique,

Aos 12 anos, vi minha mãe chorar pela primeira vez. Como em todas as manhãs, desci para tomar café e lá estava ela, sozinha e desprevenida. Ao me ouvir chegar, ela tentou enxugar as lágrimas, mas não deu tempo. Eu sabia que o irmão dela estava muito doente e ela, arrasada. Àquela altura, toda a família já havia notado e comentado a surpreendente perda de peso dele. Na metade dos anos 90, não foi difícil para mim, chegar a um diagnóstico. Algumas semanas depois, meu tio Eduardo morreu. Ele era portador do HIV. Ele era casado. Ele era gay.

Sabe, Henrique? Demorei bastante para assimilar tudo aquilo. Até porque, apesar de ainda não ter plena consciência do fato, eu já sabia que eu também era gay. Desde então, não foram poucas as vezes em que vi meu tio ser julgado. Mais confuso ainda, foi perceber que aqueles juízes eram pessoas que, até então, diziam amá-lo. Lembro da minha tia, em um acesso de ódio, chegar a dizer que ele havia merecido a morte. Não apenas, mas também por isso, durante os 12 anos seguintes, decidi me fechar. Dentro e fora de casa. Por medo de causar sofrimento. Por medo de não ser amado. Por medo de, simbolicamente ou não, morrer.

Portanto, Henrique, tenho algo que talvez possa ajudá-lo. Desista de obter a aprovação de quem quer que seja. Quanto à questão com as irmãs, sinto informá-lo, mas além de preconceituosas, elas são ignorantes. Você me diz que elas não conseguem aceitá-lo, mas me parece que elas não querem fazê-lo. Por que digo isso? Porque somos todos capazes de amar. No entanto, o amor de verdade envolve, obrigatoriamente, a aceitação. Lamento muito, mas não é o caso delas, meu caro. Elas já impuseram uma condição. Em troca de ser aceito, elas querem que você abra mão de ser quem você é. Em outras palavras, que você se anule. Por favor, não faça isso. Por ninguém.

Quando consegui me assumir, minha mãe chorou novamente. Dessa vez, de alívio. Ela já sabia que eu era gay, mas tinha medo de que eu optasse por viver uma mentira, como o irmão dela havia feito por tantos anos. Somente então pude entender que o motivo daquele primeiro choro não tinha sido apenas a morte iminente do meu tio, mas, sobretudo, a vida que ele havia deixado de viver. Você não merece passar por essa violência, Henrique. Nenhum ser humano merece.

Ao contrário do que diz a carta que você me mandou, você não está sozinho. A começar por mim, há um mundo inteiro de pessoas que estão prontas para amá-lo e respeitá-lo por quem você é. Procure por elas. Quanto às outras, só nos resta ter compaixão. Tanto você quanto eu sabemos que ser homossexual não é uma opção, não é mesmo? Entretanto, sempre haverá aqueles que não compreendem isso. Somos corajosos e devemos ter orgulho de ser quem somos. Pela memória do meu tio Eduardo e de tantos outros que não souberam lidar com o ódio alheio. Principalmente, por todos aqueles que, apesar de tudo, estão conosco e não desistem do amor.

Um grande abraço,

Estranho

Um pequeno conto de paixão

15/06/2017

Caro Estranho,

Sou gay e estou apaixonado pelo meu melhor amigo, que é hétero. Seria eu imaturo? Não lembro como tudo aconteceu. Só sei que ele começou a me tratar como nenhum cara havia me tratado antes. Tentei ignorar esse fato, pois sabia onde isso poderia acabar. Porém, tudo parecia indicar que ele também gostava de mim. Usei o verbo no passado, pois hoje acho que a nossa relação esfriou. Sinto que ele se aproxima um pouco e, quando percebe que o faz, recua.

É difícil eu me controlar e não o tratar como gostaria. Ter tanto a oferecer e, ao mesmo tempo, não poder. Mas não quero correr o risco de perdê-lo. Tê-lo por perto me faz bem e desperta o melhor de mim. Posso até parecer presunçoso, mas acredito que ele sabe o que sinto por ele. A verdade é que, talvez, eu esteja obcecado. Será que criei tudo isso sozinho? Queria apenas tirar essa angústia do meu peito. Afastá-lo não é uma opção, é? Só sei que não aguento mais.

Um imenso obrigado,

Everton

Caro Everton,

O Gustavo entrou no meu colégio no terceiro ano do ensino médio. Nunca vou esquecer da primeira vez que o vi sorrir. Só isso já seria o suficiente para eu contar a minha história. Mas não serei econômico. Não desta vez. Ele era um cara bonito e, com exceção de quem se sentia ameaçado, ninguém contestava isso. Não era nem um pouco tímido e, por ser também bastante educado e simpático, logo se enturmou. Àquela altura, o único problema dele era o boletim. Como ele era repetente, uma professora bem--intencionada me pediu que o ajudasse a estudar mais. Foi aí que tudo começou para mim. Ou para nós.

Então, combinamos de nos encontrar três vezes por semana no período da tarde. Já tínhamos trocado uma ou outra palavra, mas foi naquelas aulas particulares de física e matemática que nos aproximamos. Contudo, a boa intenção do projeto durou pouco. Logo, paramos de falar sobre fórmulas e matrizes e começamos a conversar sobre gostos e sonhos. Éramos muito diferentes. Eu gostava de MPB e ele, de sertanejo. Ele torcia pelo Palmeiras e jogava muito bem. Eu era uma negação em qualquer esporte. Eu já tinha namorado uma menina e ele nunca. Apesar de não ser assumido, eu era gay e ele, hétero.

Mesmo com tão pouca afinidade, nos tornamos melhores amigos, daqueles inseparáveis, que se veem em comédias adolescentes. Com frequência, dormíamos um na casa do outro. Quando não estávamos juntos, passávamos longas horas ao telefone. Nos finais de semana, bebíamos escondidos e jogávamos videogame durante madrugadas inteiras. Acima de tudo, ríamos muito. Nas férias de inverno, fomos viajar sozinhos. Lembro de como era gostoso ser irresponsável ao lado dele. Para mim, era fato que eu estava apaixonado. O único problema era que eu não sabia como agir e nem o que esperar dele.

Com o fim do ensino médio, veio o pesar da separação. Como era de se esperar, cada um seguiu um caminho. Já na faculdade, descobri um mundo novo e o mesmo aconteceu com ele. Não tinha como ser diferente. Hoje, a impressão que tenho é a de que vivemos tudo o que tínhamos para viver naquele momento, tão mágico e intenso. Também estou certo de que, em um outro cenário, a presença de um na vida do outro poderia impedir a evolução de ambos. Afinal, eu havia me apaixonado por ele, mas nunca tivera a certeza de que esse sentimento era mútuo. Porém, a história não acabou e o tempo confirmou a minha tese.

Aqui, vamos dar um salto. Foi somente alguns anos após o fim da faculdade que consegui assumir a minha homossexualidade. Com o término do meu primeiro namoro com um homem, uma amiga em comum, da época do colégio, sugeriu que eu procurasse o Gustavo, pois ela dizia desconfiar da orientação sexual dele. Curioso e um pouco mais seguro, mas não tanto, fui atrás dele. Marcamos um encontro, e sabe o que aconteceu? Nada. Eu não tive coragem de dizer que havia me assumido e só perguntei se ele tinha algo para me contar. "Tenho uma namorada", disse ele, antes de entrar no carro e partir.

Hoje, estou casado há quase nove anos com um homem que amo e isso me faz bastante feliz. O Gustavo também se casou, com uma mulher, mas nunca mais nos falamos. É óbvio que um sabe da vida do outro, mas ambos optamos por guardar com carinho a nossa história. Se você ainda estiver por aí, Everton, antes de tudo, quero agradecê-lo por me fazer revisitar esta memória. A narrativa tem o poder de recriar a vida. Sinto uma profunda empatia por você, pois sei ou, pelo menos, imagino como você se sente agora. Desde já, peço perdão se não atendi à expectativa que você criou ao decidir me escrever.

De forma alguma, apaixonar-se por um hétero faz de você um homem imaturo ou obcecado, Everton. Você não tem ideia do quanto isso é comum. Afinal, o coração nem sempre tem uma única orientação, se é que você me entende. Tudo que você diz sentir por esse amigo, eu também senti pelo Gustavo. E, talvez, ele tenha sentido por mim. Ou não. O que não quer dizer que vocês viverão a mesma história que nós. Você ainda tem muito que responder a si mesmo, meu caro, e é uma pena que eu não possa ajudá-lo. Mantê-lo por perto é uma opção. Afastá-lo também é. No entanto, a escolha cabe somente a você.

Um grande abraço,

Estranho

Abrir o armário só cabe a você

24/05/2018

Caro Estranho,

Tenho 24 anos, sou gay e tenho pensado em me assumir para os meus pais. Ainda moro com eles, mas quero sair do armário, como dizem por aí. O problema é que ele é homofóbico e ela, muito religiosa. Então, não sei se eles me aceitariam. Por outro lado, não aguento mais viver uma farsa dentro da minha própria casa. Eu me sinto cansado e sufocado. O que devo fazer?

Um abraço,

Augusto

Caro Augusto,

"No fundo, eu sempre soube." Foi o que disse a minha mãe quando me assumi. "Eu só quero que você seja feliz", falou o meu pai. Uma tia muito querida me ligou de longe para me acalmar e dizer que estava tudo bem. O meu irmão confessou que sempre quis me perguntar, mas nunca o havia feito para não ser invasivo. Por fim, a minha irmã, a partir de então, sempre me apoiou e esteve ao meu lado. Na ocasião, assim como você, eu tinha 24 anos. Eu tive bastante sorte, não é mesmo? Tenho consciência disso e sou muito grato.

No entanto, Augusto, é fato que nem toda família é igual à minha. Sinto-me triste ao constatar isso, mas não há como negar a verdade. Ao escolher sair do armário, como você colocou, um homossexual corre o risco de sofrer abuso psicológico, ser expulso de casa, levar uma surra e, até mesmo, morrer. Como já aconteceu, certo? Não é exagero da minha parte. E o que me preocupa, meu caro, para ser sincero, é saber que isso tudo pode acontecer com você. Eu falei que pode. Seja por fanatismo religioso, ódio ou preconceito.

Desde que comecei este projeto, tive medo de receber uma carta como a que você me mandou. Sabe por quê? Porque, nela, você me pergunta o que deve fazer. E eu, para ser honesto, não sei.

Ou melhor, não há como eu saber. É algo que está além do meu alcance. Abrir ou não a porta do armário só cabe a você. É uma decisão íntima. O único conselho que posso lhe dar é que você, por favor, só faça isso quando se sentir confiante e, sobretudo, seguro. Vale lembrar que você ainda mora com a família e, suponho, ainda depende dela de alguma forma. Se a hora for agora, tudo bem. Se ainda não for, também.

Veja bem, Augusto. Neste momento, você é o mais importante. Então, proteja-se e esteja preparado para encarar o caminho que escolher. Você pode também contar com algum outro parente ou amigo, a começar por mim. Sou capaz de sentir empatia por você, pois sei que o armário é um lugar sufocante e entendo que a farsa a que você se refere é cansativa. Assumir-se é libertador, sim. Afinal, todo mundo tem o direito de ser quem é. Contudo, sei também que não há como controlar a reação alheia. Enfim, meu caro, espero que você não se frustre, mas há uma vida em jogo. E o rumo dela só diz respeito a você.

Um grande abraço,

Estranho

Seja agora quem você quer ser

26/07/2018

Caro Estranho,

"Eu quero ser um garoto." É o pensamento que não sai da minha cabeça. Nasci menina, mas nunca me senti assim. Odeio o meu corpo e não gosto nem de ser chamado no feminino. É angustiante. Só tenho vontade de sumir. Ao mesmo tempo, não aceito a ideia de ser um trans.

No ano passado, tentei deixar o meu peito plano com uma cinta e me senti muito feliz com o resultado. Porém, fico confuso com tanta informação. Não sei o que a minha família vai achar sobre isso. Como vou dizer à minha mãe que possuo essa desordem? Tenho medo de tudo isso.

Obrigado por se importar,

Alex

Caro Alex,

Você é um transexual, sim. Ou seja, alguém cuja identidade de gênero, que é como você se sente, não corresponde ao sexo biológico. Por isso, sugiro que você comece a aceitar essa ideia, que pode ser assustadora e confusa, sem dúvida, mas não é uma desordem, como você colocou. O que quero dizer é que, na prática, não há nada de errado com você, meu caro. Você é apenas um garoto que nasceu com o corpo de uma menina e, logo, não se sente adequado com isso. Portanto, não tenha medo e vamos tentar conversar um pouco.

Antes de tudo, devo dizer que é com algum receio que respondo esta carta. Afinal, a minha proposta é ouvir com atenção quem quer que seja e tentar fazer o melhor que eu puder. No entanto, alcançar o sofrimento alheio nem sempre é tarefa fácil. Porém, não vou desistir de você. Dito isso, também quero que você procure uma ajuda especializada, combinado? Ela será muito necessária neste momento.

O que me preocupa um pouco é você me dizer que não aceita a ideia de ser um transexual, Alex. Sabe por quê? Porque isso não é uma escolha, meu caro. É algo que não lhe cabe mudar. Hoje, sei que você ainda está bastante confuso e não consegue lidar bem com isso. Entretanto, tenha calma e paciência, pois estou certo de que, após um processo de autoaceitação, você se tornará o homem forte e confiante que já mora aí dentro. E terá orgulho disso. É só o que espero de você. Que você seja quem você quer ser.

Quanto à família, não se preocupe agora. No tempo certo, ela terá de aceitar que a prioridade aqui é você. Há até quem acredite que é possível viver uma vida em negação, mas não é o meu caso, Alex. Nem é o que eu lhe desejo. Na carta, você critica o excesso de informação. Sei que é algo caótico, mas isso é ótimo. O que você precisa é justamente entender melhor quem você é. Aceitar-se para aprender a se amar. Um passo de cada vez. Comece agora. É o início do caminho para uma vida mais plena. E você merece muito isso.

Um grande abraço,

Estranho

#medo

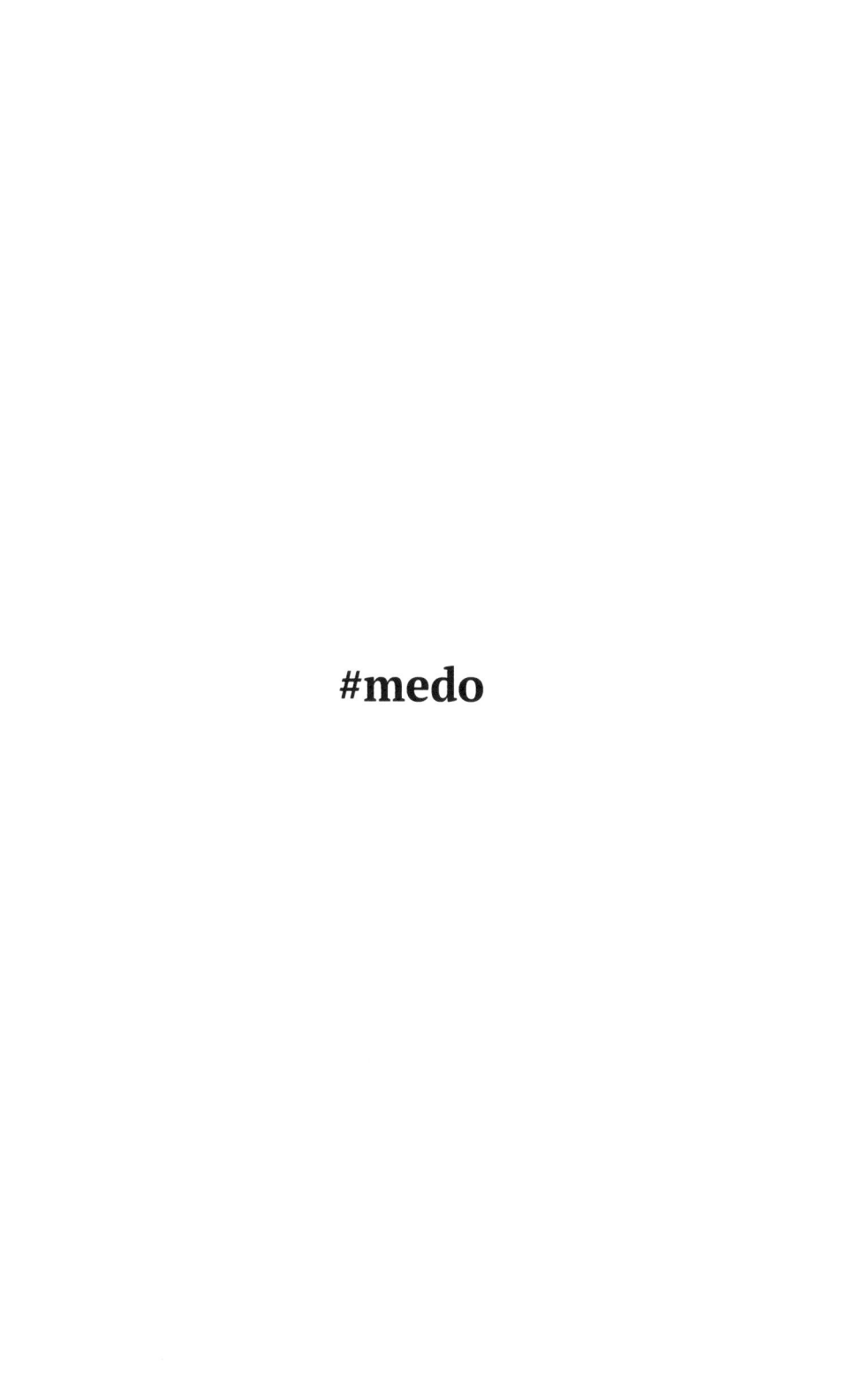

A coragem de ser artista

16/03/2016

Caro Estranho,

Aos sete anos, eu imaginava que a minha vida seria diferente quando eu me tornasse adulto. Perdi bastante tempo, fui preguiçoso e sei muito bem disso. Tanto que, somente depois dos 17, comecei a correr atrás do que eu sempre quis. Tocar guitarra.

Minha história com esse instrumento começou lá pelos dez anos. Na época, eu e meu irmão queríamos aprender a tocá-lo, mas meu pai não nos deixou. Enfim, meu irmão foi pro violão e eu, pro teclado. Nem preciso dizer que me frustrei e desisti da música.

Anos depois, assisti a um documentário sobre o Jimi Hendrix e fiquei apaixonado. O cara era tão bom que tocava aquilo com os dentes. Foi como se a resposta que eu sempre procurei tivesse me achado e, de repente, me dado um grande chute na boca.

Comecei, então, a estudar sozinho. Paguei por algumas aulas, mas não deu certo. Agora, fico neste loop infinito de começar, parar e desistir. Sem contar que, com 23 anos, já não tenho mais muito tempo. Será que vou ter que abandonar meu sonho?

Obrigado,

Mateus

Caro Mateus,

Toda paixão tem um quê de doença e outro de loucura. Foi assim com o Jimi Hendrix, tem sido assim com você, e será sempre assim com qualquer ser humano apaixonado. Infelizmente, a extraordinária carreira dele foi abreviada de forma trágica, e é claro que o mesmo não precisa acontecer com você, certo? É possível se encontrar em algum lugar no meio-termo.

O que separa a intenção do gesto é apenas a coragem, Mateus. A coragem de executar antes mesmo de pensar. "Será que é isso mesmo que ele quer?" É a pergunta que tenho me feito, repetidamente, nas últimas semanas, após ler a carta que você me escreveu. Você quer ser um guitarrista ou o Hendrix? Já adianto que a primeira opção é possível. A outra, não.

"Tecnicamente, não sou um guitarrista." Foi o que disse o próprio Hendrix em uma entrevista. "Tudo que toco é verdade e emoção." Ou seja, a intenção do nosso ídolo ia além de qualquer status. O que ele queria mesmo era se expressar por meio da música. Se é assim que você se sente, meu caro, por favor, vá em frente logo e não perca mais um segundo sequer.

Agora, se você não se identifica com nada disso, talvez falte um pouco de empenho ou mesmo vontade. Afinal, ser um artista, famoso ou não, é assumir um compromisso, sobretudo, consigo mesmo. É sofrer, suar e até sangrar, sempre que necessário. Não há nenhum atalho aqui, Mateus. Nem qualquer espaço para o romance ou a idealização. É trabalho duro e só.

"Eu dedico apenas toda a minha vida a esta arte." Nem preciso lhe dizer quem falou isso, não é mesmo? E para você, meu caro? Até onde vai essa paixão? Descubra e, se for o caso, corra atrás dela com foco e perseverança. Se for apenas um hobby, ótimo. Divirta-se. Ninguém espera que você seja um novo Hendrix. Seja apenas o melhor Mateus que você puder ser.

Um grande abraço,

Estranho

O medo de amar de novo

19/05/2016

Caro Estranho,

Estou numa indecisão só. Tenho 49 anos e, há pelo menos 19, não me relaciono com ninguém, por ter medo de ser enganada. Então, resolvi esperar que a vida me trouxesse um amor de verdade, mas o destino me pregou uma peça.

Há pouco mais de um mês, no trabalho, conheci um homem de 35 anos que, do nada, começou a conversar comigo por mensagens. Tomei um susto, pois jamais havia imaginado isso. Enfim, o papo evoluiu e, agora, estou apaixonada.

Por enquanto, só trocamos alguns beijos. Apesar de ser muito assediado, ele sempre diz que só se interessa por mim. Ambos somos solteiros e nos damos bem quando estamos juntos. Porém, ele nunca mencionou um possível namoro.

Tenho muito medo de me machucar, mas, ao mesmo tempo, sinto que deveria dar uma oportunidade à minha vida afetiva, estacionada há vários anos. Será que devo aproveitar essa chance? O que você faria? Por favor, me ajude.

Muito obrigada,

Leda

Cara Leda,

É óbvio que você não está nem um pouco indecisa. Você só está com medo de fazer o que quer. E, como todo mundo que me escreve, ou melhor, como qualquer ser humano, você só quer amar e ser amada. Não há nada de errado nisso. O único e grande problema é que o amor não prospera onde há medo. Durante quase 20 anos, você pôde comprovar isso. Agora, você não acha que está na hora de agir de outra forma?

Na verdade, receio não poder ajudá-la, Leda. Pelo menos, não como você espera ser ajudada. Não tenho como saber se essa paixão, que a assusta, tem algum futuro. Nem mesmo se ele vai falar em namoro. Tudo que sei é que, após tanto tempo, você merece encontrar o amor de novo. Apesar de você ser mais velha, de ele ser muito assediado, do risco de você ser enganada ou se machucar. Tudo isso é só medo.

Portanto, estou certo de que você deve dar uma nova chance a si mesma. Porém, tenho ainda uma sugestão a fazer. Vá devagar, Leda. Além do medo, a ansiedade e a expectativa também transparecem na carta que você me mandou. Não deixe, por favor, que elas tomem conta da situação. Você é muito mais do que isso. Não jogue o passado de carência e solidão sobre ele. Quero que você se exponha, mas com cuidado.

Tenho para mim que, se você está com medo, você está no caminho certo, Leda. Quando está com ele, você sente aquele frio bobo na barriga? O sangue parece sumir de repente? Você volta a ser adolescente? Isso acontece porque nós envelhecemos, mas o coração não, minha cara. Por isso, vá com calma, mas siga em frente. Afinal, o medo pode até dar algum sentido à vida, mas o que dá significado a ela é o amor.

Um grande abraço,

Estranho

Apesar de todo o medo

03/06/2016

Caro Estranho,

Quando eu era jovem, desafiava o mundo. Nada, absolutamente nada, me colocava medo. Já adulta, passei por um processo doloroso e, de repente, me senti frágil e sensível ao extremo. Chorava copiosamente, pois não conseguia entender como havia me tornado uma prisioneira do medo. Diante desse sofrimento, envelheci dez anos em um.

Com o passar do tempo, fui diagnosticada com síndrome do pânico. Aliás, pesquisei na internet e descobri que eu era vítima dessa doença. Isso me deixou completamente desnorteada, pois não combinava comigo. Não fiz nenhum tratamento e segui em frente na marra. Passei a lutar a cada instante contra um imenso dragão.

Hoje, levo uma vida relativamente normal. Sou casada, tenho filhos, trabalho, porém tenho muitas limitações. Ainda sinto um medo asfixiante. De morrer e de sofrer. Não viajo e quase nunca altero meu cotidiano. Já sou quase idosa, tenho 55 anos, e gostaria de poder desfrutar plenamente a vida que me resta. O que você me sugere?

Obrigada,

Sandra

Cara Sandra,

Quando eu era pequeno, conheci um garoto muito alegre e até um pouco extrovertido. Do que me lembro, quase nada era capaz de fazê-lo sentir medo. Nem mesmo a doença, a morte ou a solidão. Tudo isso era bobagem. Após acompanhar cada etapa do crescimento desse rapaz, vi ele se transformar em um jovem não menos corajoso e promissor. Enfim, eu sei como você se sente, minha cara. Aquele garoto era eu.

Alguns anos mais tarde, assim como você, sofri um colapso nervoso. Um apagão. Não sei dizer se foi tão de repente, mas, em algum momento, tudo escureceu e também me vi refém do medo.

Na ocasião, busquei socorro médico e, já que você me perguntou, sugiro que faça o mesmo, Sandra. Não há nada de errado em superar o estigma e ir atrás de ajuda. O que não vale é se autodiagnosticar pela internet, concorda?

Não há por que se assustar, minha cara. O medo é parte de nós. É um mecanismo que serve, inclusive, para nos proteger. É algo absolutamente humano. Ouso até dizer que só não o sente quem não é de carne e osso. Ou quem já está morto por dentro. O único problema é que, ao mesmo tempo que nos move, ele também pode nos travar quando foge ao nosso controle. E foi justamente isso que aconteceu conosco.

Portanto, releia a carta que você me escreveu e faça o que gostaria de fazer, Sandra. Ou seja, desfrute plenamente a vida que lhe resta, e que não há de ser pouca. Apesar de todo o medo. Em vez de tentar nomeá-lo ou esperar que ele desapareça sozinho, procure apoio para aprender a conviver com ele. Estou certo de que você conseguirá fazer isso. Afinal, você ainda está viva e, enquanto houver medo, assim permanecerá.

Um grande abraço,

Estranho

A medida da indecisão

04/01/2017

Caro Estranho,

Sinto-me extremamente perdida. Já passei dos 30 anos e não realizei nada na minha vida. Sempre foi um eterno pegar e largar. Agora, nada me motiva. Não sinto alegria ou vontade. Tenho medo de pensar no futuro e padeço por não saber como será o amanhã. Tenho medo. Essa é a palavra que me define.

Um abraço,

Joana

Cara Joana,

"O medo é a medida da indecisão", escreveu Lenine na canção *Miedo*. Ele está certo e você também. O medo é, sim, capaz de fazer com que uma mulher chegue aos 30 anos perdida, como você, e com a sensação de não ter realizado nada. Ou, então, mantê-la presa a um eterno pegar e largar. Ele pode, além de tudo isso, acabar com qualquer alegria, vontade ou motivação. Enfim, é inegável o fato de que o medo tem poder. No entanto, minha cara, ainda cabe a você decidir quanto.

O problema do medo é que ele se retroalimenta, Joana. Ou seja, quanto mais você lhe obedece, mais forte ele se torna. É um mecanismo primitivo, mas universal e bastante eficiente. E a única forma que eu conheço de enfrentá-lo é por meio da ação. Portanto, o que lhe resta a fazer é seguir em frente, apesar dele. Tentar agir com perseverança e, sobretudo, paciência. Ainda assim, isso não significa que ele sumirá de repente. Afinal, ele é uma parte inextinguível de nós.

A alegria, a vontade e a motivação também não voltarão espontaneamente, minha cara. Você precisa ir atrás delas, e não o contrário. Nem que, para isso, você tenha que fingir. Superar a indecisão de que fala o poeta, escolher um único caminho sem olhar para trás e refazer isso sempre que for necessário. De maneira que o medo não tenha mais o poder de definir quem você é.

Quanto ao futuro, não se preocupe tanto com ele por enquanto. Ele sempre chega e nunca se atrasa.

Após tudo isso, devo assumir que estou com medo de publicar esta carta, Joana. Temo não ter conseguido ajudá-la. Não ter escolhido a abordagem certa. Ter sido incapaz de fazer o que me proponho neste espaço. Contudo, a minha intenção foi respondê-la com empatia e honestidade. Se acertei ou errei? Não sei, de verdade. Talvez, você possa me dizer mais tarde. Agora, vou enviar esta resposta a você. Senão, sabe quando vou fazê-lo? Nunca. E é só isso que o medo espera de mim.

Um grande abraço,

Estranho

Não abra mão de dizer não

22/02/2017

Caro Estranho,

Como dizer não a alguém? Acho que nunca falei essa palavra para uma outra pessoa. Não sei se isso é bom. Sem dúvida, o altruísmo é uma qualidade que me define, mas será que sou altruísta comigo mesmo? Não, não sou. Às vezes, esqueço de mim para ajudar alguém que nem sequer sabe que eu existo. Preciso aprender a viver para mim e parar de me privar tanto só por medo de incomodar quem quer que seja. Por favor, me ajude. Tenho medo do não.

Obrigado,

Wallace

Caro Wallace,

Você não está sozinho. Há cerca de uma semana, uma colega de trabalho me convidou para a comemoração do aniversário dela. O evento seria em um lugar no qual eu, certamente, me sentiria desconfortável. Assim como você, sou alguém quase incapaz de falar não, meu caro. No entanto, foi o que fiz nessa ocasião. É lógico que me senti incomodado por ter recusado o convite, mas propus a ela um almoço. Ela aceitou e, então, me disse que não ficara chateada e que a festa havia sido ótima. Fiquei feliz por ela.

Na verdade, Wallace, não conheço ninguém que goste de falar não. É algo complexo para todos nós. Para alguns, mais do que para outros. Afinal, sempre queremos ser vistos como altruístas, educados, generosos e prestativos. O que significa que essa questão tem a ver também com a nossa autoestima e vaidade. Entretanto, quando cedemos ao interesse de alguém, muitas vezes, deixamos de lado a nossa própria vontade. Pode até parecer exagero, mas você tem de ser forte para dizer não, pois isso pode gerar culpa e medo.

Na carta que você me mandou, há também um mal-entendido, Wallace. Você fala em ser altruísta consigo mesmo. Contudo, isso é impossível, meu caro. O altruísmo, por definição, sempre diz respeito a uma preocupação com o outro, e não conosco. É o antônimo do egoísmo. Ou seja, o que você quer é ser um pouco mais egoísta. E, de antemão, já lhe digo que não há nada de errado com isso. É um papel que ninguém quer assumir, mas é possível encontrar um equilíbrio entre essas duas forças antagônicas.

Na tentativa de ajudá-lo, o que posso lhe sugerir, Wallace, é que você preste mais atenção a si mesmo. Tente estabelecer o que é importante para você e não abra mão disso. Não pense que você é uma pessoa ruim só por atender ao próprio desejo. Estabeleça um limite sempre que for necessário. Procure saber por que você se coloca sempre em segundo plano. Não se prive tanto só por medo de incomodar. Não se justifique o tempo todo. Enfim, tente ser o melhor que você puder ser, mas não esqueça de olhar para dentro.

Um grande abraço,

Estranho

Comece pela panela de brigadeiro

09/11/2017

Caro Estranho,

É com muita tristeza e desespero que escrevo para você. Tenho quase 30 anos e não sei o que fazer da minha vida. Não me formei, não trabalhei e voltei para a casa da minha mãe. Sabe quando você tem noção de que deve seguir para alguma direção, mas não vê sentido em nada?

Obrigada,

Nana

Cara Nana,

Faça uma panela de brigadeiro. Se não souber a receita de cor, procure uma na internet ou siga a minha. Derreta a manteiga, junte o leite condensado e o chocolate em pó e misture. Mexer é o mais importante e logo você entenderá o porquê. Por ora, só mexa com atenção até obter uma mistura que desgrude do fundo. Esteja presente em cada etapa. Com tudo pronto, coloque a massa em um recipiente e espere esfriar. Para isso, tenha paciência. Então, de volta ao sofá, não há por que ficar triste ou entrar em desespero. Com calma, dê uma colherada e sinta cada nuance do sabor. Agora, enfim, convido você a pensar comigo.

"O sentido da vida é estar vivo", escreveu o filósofo Alan Watts. "É tão claro, óbvio e simples." Você não concorda com ele, Nana? Eu concordo. Viver, por mais estranho que pareça dizer isso, foi o que você fez ao seguir a receita do brigadeiro. Da ideia ao produto, você deu um passo de cada vez, não é mesmo? Com atenção, calma, paciência e, sobretudo, uma obstinada perseverança. Você estabeleceu um pequeno objetivo e agiu de acordo com ele até chegar lá. É assim que alguém se forma ou faz um grande trabalho. É certo que nem sempre você será capaz de enxergar um sentido, mas basta você estar viva.

Agora, você sabe por que mexer o brigadeiro é a etapa mais importante? Pelo simples fato de que, sem movimento, nada acontece. Não há vida se não houver algo que a mova. E você parece já ter notado isso, estou certo? Ou seja, um corpo parado permanecerá assim se nada o fizer sair do lugar. Você lembra de ter aprendido isso no colégio? É como você se encontra agora. Em estado de inércia. Portanto, minha cara, o que você precisa fazer é entrar em ação. De alguma forma, agir sobre o mundo. Por enquanto, não se preocupe com a direção e pare de procurar um sentido. Você só o conhecerá quando se movimentar.

Então, é isso, Nana. Comece pela panela de brigadeiro. Vá por mim. Se não tiver manteiga em casa, vá ao mercado ou faça uma outra receita. Tudo isso também é movimento, consegue perceber? O importante é você se manter ocupada, ou melhor, viva. Só assim você será capaz de superar a tristeza e o desespero e ir atrás do que quer. Seja um diploma, um emprego ou sair de casa. Por si só, a vida não tem um sentido. No entanto, você pode criar um. Mas, antes disso, sugiro que você tente viver, apenas. Afinal, "a vida não é um problema a ser resolvido", também escreveu Watts. "É um mistério a ser vivido."

Um grande abraço,

Estranho

Nem sempre tão perto da árvore

02/08/2017

Caro Estranho,

Tenho 24 anos e sempre sonhei em construir a minha própria família. Porém, a vida fez com que esse sonho se tornasse cada vez mais inalcançável. Os meus pais estão casados há quase três décadas. O problema é que, durante muito tempo, o meu pai traiu a minha mãe, que é a pessoa mais incrível e extraordinária deste mundo, e a faz sofrer demais. Hoje, eles estão bem.

Mesmo assim, toda vez que conheço alguém fico com um pé atrás. Já tive três namorados, mas não cheguei a me entregar a nenhum deles. Nunca penso que pode dar certo. Sempre acho que vou sofrer como a minha mãe e, de certa forma, isso me impede de seguir em frente. Aí, me sinto presa. Tenho medo de ficar sozinha, mas também não quero passar pelo que ela passou.

Um grande abraço,

Jota

Cara Jota,

Você já ouviu falar que o fruto não cai longe da árvore, não é mesmo? Ou que a maçã sempre cai perto do pé? Enfim. Em parte, isso carrega uma verdade, como todo provérbio popular. No entanto, quando se trata do ser humano, não há uma regra absoluta. Quase tudo pode ser contestado, e é isso que quero fazer com você. Portanto, minha cara, a princípio, não há por que ter um pé atrás com ninguém. Você pode continuar a sonhar com uma família, entregar-se a quem quiser e parar de ter medo. Ou seja, é possível dar certo, pois nada garante que você há de sofrer, como sofreu essa mãe que você tanto ama.

O que aconteceu, Jota, foi que ela não sofreu sozinha naquele passado. Quando um marido trai a mulher, ou vice-versa, ele não trai apenas um outro alguém, e sim todo um universo construído ao redor de ambos, consegue entender? E você mesma, durante muito tempo, fez parte desse mundo incompleto e despedaçado.

Você sempre esteve lá e, por isso, além de ter sentido e vivido a dor dessa mãe traída, você criou uma insegurança própria. Um medo de, a qualquer momento, também ser abandonada ou trocada. Enfim, um trauma que, até hoje, a impede de olhar para frente com um pouco mais de otimismo.

Apesar disso tudo, Jota, é muito importante você saber se separar dessa mãe incrível e extraordinária que, de certa forma, você idolatra. Há que se pensar nisso também. Seja por qual motivo for, a verdade é que ela aceitou ser vítima de uma traição e foi capaz de perdoar o marido. E aqui, veja bem, não há qualquer julgamento. Estou certo de que ela fez o melhor que pôde dentro do que estava ao alcance dela. No fundo, só quero que você perceba que você não é ela e que, se isso lhe acontecer no futuro, você não será obrigada a agir da mesma forma. Mais uma vez, o fruto nem sempre tem que cair tão perto da árvore.

Por fim, minha cara, quero lhe dizer que eu a entendo e que não há por que sofrer por antecipação ou, pior ainda, deixar de viver o presente. Você só precisa amadurecer e, com isso, tornar-se forte o suficiente para traçar um caminho próprio. Nesse caso, o passado só deve servir para ensiná-la a construir o futuro que você quer. Ter uma família nunca será algo inalcançável para você. Desista desse pensamento desde já. Agora, você só precisa de alguma paciência e um pouco menos de ansiedade. Há um atalho entre a insegurança e o medo da solidão. E, quando você for um fruto pronto e maduro, é nele que você há de cair.

Um grande abraço,

Estranho

A sabedoria da insegurança

01/05/2018

Caro Estranho,

Sou uma mulher de 38 anos, que não sabe se o que faz da vida é o melhor a se fazer. Tenho um trabalho que não me faz feliz, mas me permite sobreviver. Vivo em um casamento que esfriou completamente, embora ainda haja amor. Sou mãe de uma criança maravilhosa, de quem não sei se cuido o suficiente. Acho que, além de não saber o que faço, também já não sei quem sou.

Um abraço,

Ângela

Cara Ângela,

Você está insegura. Ou melhor, você é insegura. Tanto quanto eu ou qualquer um de nós. Sabe por que digo isso? Porque a insegurança é algo inerente à natureza humana. Vou além. Não há nada mais humano neste mundo do que ser e, sobretudo, saber-se inseguro. O grande problema é aceitarmos isso. Compreendermos que o imprevisto é também inevitável. Entendermos que a mudança é uma constante na vida. Por fim, aprendermos que a simples preocupação com o que pode ou não acontecer não nos leva a lugar algum.

Vou lhe contar uma história. Há cerca de um mês, uma pneumonia acometeu o meu irmão e ele teve de ser internado. Até aí, tudo mais ou menos bem. No entanto, em menos de 48 horas, a inflamação, cuja causa até hoje é desconhecida, tomou conta de todo o pulmão dele e ele foi transferido para uma UTI e intubado. Já desenganado por parte da equipe médica, ele começou a reagir e teve início um longo processo de recuperação. Agora, eu lhe pergunto. Quem poderia prever o que aconteceu? Por que ele teve de passar por isso?

O inesperado acontece o tempo todo, minha cara. Você pode mudar de emprego quando menos esperar ou receber uma promoção. Todo casamento pode dar certo ou não. E quanto a essa criança maravilhosa de quem você é mãe? Quem há de dizer se o cuidado que você tem com ela é pouco, bastante ou exagerado? Ninguém. Nem você mesma. Não há certeza ou garantia de nada. Quem acredita estar certo de tudo vive, na verdade, uma ilusão. Tentar controlar o que lhe acontece é uma receita infalível para você sofrer mais.

A irônica sabedoria da insegurança é justamente você entender que, quanto mais segura você quiser ser, mais insegura você será. O segredo para você viver melhor, portanto, é aceitar a incerteza. Afinal, o desejo por segurança só gera ansiedade e medo. É algo, inclusive, que pode nos paralisar. Não tente a todo custo saber quem você é. Ninguém sabe. Como sempre digo, tente apenas ser a melhor versão de si mesma. E, cá entre nós, desconfie de quem diz saber quem é. Felizmente, essa resposta não está ao nosso alcance.

Um grande abraço,

Estranho

#dor

Um grande e escuro vazio

13/05/2016

Caro Estranho,

Apesar de saber que a vida é feita de adeus, não consigo superar a perda do meu marido, que morreu aos 48 anos. Estou sem rumo e não tenho um plano B. Só penso em procurá-lo, em qualquer lugar.

Obrigada pela atenção,

Solange

Cara Solange,

Antes de tudo, lamento muito o que lhe aconteceu. Muito mesmo. Não sei como você se sente, mas estou certo de que você precisa e conseguirá seguir adiante. Não me pergunte como, pois também não sei. Desconfio apenas que o começo desse caminho, ainda obscuro, talvez esteja na aceitação. Você perdeu, cedo demais, alguém que amava. Isso não é certo, não é justo, e nunca será.

A morte de alguém amado sempre abre um deserto na vida de quem fica. Um grande e escuro vazio, como esse em que você se encontra agora. E é nesse espaço, ermo e aterrador, que você terá de construir algo novo, minha cara. Algo que você, equivocadamente, chama de plano B, mas que, lá na frente, será um novo plano A. Ou seja, não uma alternativa, mas uma outra rota.

Não vou mentir para você, Solange. É muito provável que você tenha de se esforçar como nunca para encontrar esse novo trajeto. Agora, sabe de onde virá a força necessária para isso? Do que não morreu. Do amor que sobrou. Quando esse amor, que você ainda sente por ele, superar a dor da perda, você estará pronta para recomeçar. Portanto, dê o tempo que for preciso para que isso aconteça.

Sei que dói muito, mas sugiro ainda que você pare de procurá-lo, minha cara. Afinal, o único lugar em que ele pode estar agora é dentro de você mesma e daqueles que também o amaram. Essa é a grande mágica da vida e, ironicamente, da morte. Ele está ausente e, ao mesmo tempo, estará presente em tudo que você fizer daqui em diante. E tudo que você precisa fazer é acender esse grande vazio.

Um grande abraço,

Estranho

Mais fortes do que pensamos ser

28/03/2017

Caro Estranho,

Toda vez que lia algum livro cuja história girava em torno de alguém com câncer, eu me sentia extremamente emotiva. "Já pensou eu ter um amigo assim?" Era o que me vinha à cabeça. Enfim, esse amigo apareceu na minha vida. No caso, é o meu pai.

Ontem, fui com ele a uma sessão de radioterapia e confesso que quase chorei ao ver todos aqueles pacientes. Porém, senti a minha fé renovada ao notar que meu pai não se entregou à doença, e tem resistido com uma força que, até então, eu não conhecia.

Nunca fomos tão íntimos, mas nos amamos bastante, e ainda me sinto mal quando penso que ele foi escolhido para carregar esse fardo. Não sou de demonstrar o que sinto, mas está tão difícil. Até quando vou suportar? Você já passou por algo parecido?

Obrigada,

Dora

Cara Dora,

Já passei por algo parecido, sim, mas não há como comparar. Nunca há. Também não tenho como me colocar onde você se encontra agora, mas sinto muito. Quero ajudá-la e, desde já, torço para que tudo dê certo. Devo confessar que, à primeira vista, pensei que falaríamos sobre a morte. Mas não. Ou melhor, não apenas. Após ler outra vez, com mais atenção, a carta que você me mandou, percebi que se trata de uma mensagem sobre a vida. Na verdade, de uma vitória da fé sobre o medo.

"Até quando eu vou suportar?" Para ser sincero, não sei mensurar ao certo, minha cara. Entretanto, estou convencido de que você aguentará esse fardo enquanto for necessário. Ele também. Por que digo isso? Porque sempre somos mais fortes do que pensamos ser, Dora. É isso mesmo. Temos o hábito de subestimar a nossa própria resiliência. Ou seja, a capacidade de nos adaptarmos a uma mudança ou nos recobrarmos após um choque. E ambos têm se mostrado resilientes neste momento.

Você sabe o que encheu meus olhos de água ao ler o que você me escreveu, Dora? Foi o fato de você ter descoberto, naquela sala de radioterapia, a vontade de viver que ainda há dentro desse homem que tanto a ama. "Uma força que, até então, eu não conhecia." Não quero, com isso, romantizar a batalha que vocês têm enfrentado. No entanto, não é curioso perceber como nos tornamos vivos no confronto direto com a morte? Isso é a vida, pura, naquilo que ela tem de mais trágico e mais bonito.

Diante de tudo isso, o que tenho a lhe dizer, como sempre, talvez seja muito pouco, minha cara. A situação é delicada, exige calma e, acima de tudo, paciência. Não se preocupe em demonstrar ou não o que você sente. Perante a vida, e também a morte, somos todos humanos. Tememos, é claro, mas também temos fé. Portanto, siga em frente e faça o melhor que puder e conseguir. Caia, levante-se e, se achar conveniente, me escreva de novo. Seja lá o que aconteça, permita que seja como deve ser.

Um grande abraço,

Estranho

Sentir demais não é uma doença

07/04/2016

Caro Estranho,

Estou cansada de sentir demais e queria um pouco mais de frieza nas minhas atitudes. Sinto muito amor por uma mulher e sempre acho que é meu dever tratar qualquer pessoa da melhor forma possível, para que todos se sintam bem neste mundo. Preciso olhar um pouco para mim, me valorizar e ter mais autoestima. Às vezes, penso que vivo só para os outros, para a minha noiva, e esqueço que aqui dentro tem alguém. Não quero sentir demais. Por que isso acontece comigo? Se souber, me diga, por favor, que doença é essa.

Obrigada,

Eduarda

Cara Eduarda,

Você certamente tem o hábito de cumprimentar e sorrir para os vizinhos no elevador, não é mesmo? Para que todos se sintam bem neste mundo, como você mesma diz. Porém, você já se perguntou alguma vez por que faz isso? O que a leva a se comportar assim? É um gesto generoso e espontâneo ou algo forçado e automático? Você age assim porque realmente quer ou porque se preocupa com o que vão pensar de você? Pode responder em voz baixa.

Com isso, não quero sugerir, menos ainda insinuar, que você seja altruísta ou egoísta. Não há nada de errado com você, minha cara. Sentir demais não é uma doença. O problema é ser alguém muito sensível em uma cultura que nos incentiva a negar o sofrimento. É ser capaz de viver a dor e o prazer em um mundo já anestesiado. É apenas isso que a tem incomodado. Você não é melhor ou pior do que ninguém por isso, Eduarda. Você só é humana.

Na verdade, o que me chamou a atenção na carta acima foi o fato de você saber tão bem o que aconteceu. Ou seja, está claro que, por se preocupar muito com os outros, você se perdeu de si. Portanto, agora está na hora de você se reencontrar. Concorda comigo? Só que, para isso, você não precisa se tornar mais fria ou deixar de ser sensível. Muito pelo contrário. Posso lhe garantir que a bondade e a gentileza só tendem a ajudá-la nesse processo.

Você já tentou dar a si o mesmo tratamento que oferece ao resto do mundo, Eduarda? É só isso que eu gostaria, por favor, que você fizesse. Tente pegar para si um pouco desse amor que você tanto sente por tudo. O amor não é um recurso escasso, minha cara. Jogue sobre si um olhar um pouco mais compassivo e generoso. E, quando entrar de novo num elevador, cumprimente todos, como sempre, mas dê também uma olhada no espelho e sorria.

Um grande abraço,
Estranho

Enquanto houver amor

09/06/2019

Caro Estranho,

Recentemente, terminei um relacionamento de pouco mais de dois anos com a minha namorada. O motivo do término não foi falta de amor ou desejo. A questão é que ela passou a ter depressão e começou a se tratar há pouco.

O fato de termos terminado me dói muito, pois ainda sou apaixonada por ela e sei que ela também é por mim. Ainda mantemos contato. Nós nos falamos e nos vemos todo dia. E é muito duro uma ficar sem a presença da outra.

Gostaria de saber o que você pensa a respeito disso. Porque estou numa situação que não sei até quando vou aguentar. Será que seria melhor eu me afastar? Ou continuar ao lado dela e ajudá-la com essa doença que lhe faz tanto mal?

Obrigada desde já,

Amanda

Cara Amanda,

Como você sabe, apesar de entendê-la, não tenho como escolher um caminho por você. Assim como quase todo mundo que me escreve, você está presa entre a vontade de ir e o desejo de ficar. No entanto, tenho a impressão de que a carta acima foi escrita por alguém que não quer partir, e sim permanecer. Você ainda ama essa mulher e só o fato de ter me procurado já é um indício importante do que você quer fazer, concorda?

Não sei se preciso lhe dizer isso, mas a depressão é uma doença e, assim como qualquer outra, exige um tratamento adequado. É um sofrimento quase sempre silencioso, capaz não só de devastar quem o sente, mas também de transformar tudo ao redor. É uma condição cujo oposto não é a felicidade, mas a vitalidade, como bem definiu o escritor Andrew Solomon. Portanto, sinto muito por você e pela mulher que você ama, minha cara. Ao mesmo tempo, fico feliz por saber que ela tem procurado ajuda.

Com isso, não quero dizer que você não possa se afastar dela, Amanda. Você não é obrigada a ficar com alguém só porque essa pessoa está doente. Isso não seria justo com você, muito menos com ela. Inclusive, se você optar por partir, tente não se culpar. Tenha em mente a ideia de que você não pode obrigá-la a melhorar. Tudo que você pode fazer agora é conversar com ela e ouvir com atenção o que ela tem a dizer. É praticar a empatia e tentar entender como ela se sente. Esse é o maior gesto de amor.

Se você me acompanha há algum tempo, deve saber que não acredito na felicidade absoluta, tampouco no amor idealizado. O que sei é que cada um ama como pode. Afinal, o amor não é um fenômeno espontâneo. É um esforço para o bem. Amar é escolher estar com alguém a cada instante. Então, não se preocupe, minha cara. Você sempre terá a opção de ir ou ficar. Porém, enquanto você me disser que há amor e vontade de estar junto, vou sugerir que você a procure, fale com ela e faça o melhor que puder.

Um grande abraço,

Estranho

O jogo claro e honesto da vida

24/07/2017

Caro Estranho,

A morte está cada vez mais perto da minha avó, e sinto que uma parte de mim tem sido levada junto. Ela é o ser humano mais bondoso e caridoso que já conheci. É o amor em carne e osso. Porém, fico angustiada ao me perguntar por que uma pessoa tão boa tem que sofrer tanto. A vida é sempre cruel assim? Porque, se for só isso, honestamente, não quero provar mais dela.

Um abraço,

Amora

Cara Amora,

A única avó que conheci não era uma mulher perfeita, mas era também bondosa e caridosa. Chegou da Espanha no início dos anos 30, casou-se com um homem bem mais velho e criou duas filhas com alguma dificuldade. Trabalhou como costureira enquanto pôde e, de uma forma ou de outra, sempre ajudou quem tinha menos. Após uma vida longa e, até certo ponto, próspera, morreu aos 90 anos. Contudo, o processo de partida começou antes, quando ela levou um tombo, quebrou a bacia e perdeu a vontade de viver.

Compreendo como você se sente, Amora, pois também pude ver a morte se aproximar da minha avó a partir daquele acidente. E você está certa ao sentir que uma parte de nós vai embora com quem amamos. Não parece algo justo, não é mesmo? No entanto, apesar de entendê-la, não tenho como lhe dizer por que uma pessoa tão boa tem que sofrer tanto. Tudo o que sei é que o sofrimento é parte inerente da vida e dói, inevitável. Portanto, só nos cabe aceitar e aprender a lidar com isso da melhor maneira. Ou seja, com resiliência.

Desde que nascemos, a vida nos promete muito, mas não nos garante nada, senão a certeza da morte. Por isso, Amora, peço que você não a veja como algo cruel, e sim como um jogo claro e honesto, no qual há somente uma regra. Sei que é duro mudar essa visão, mas isso pode amenizar um pouco a dor que você sente, minha cara. Talvez, o grande erro do ser humano seja querer, a todo custo, vencer e ser maior do que a própria vida. Entretanto, o problema é que não estamos aqui para ganhar ou perder, mas só para jogar.

Quanto a não querer mais provar desta vida, recomendo que você repense e procure ajuda. Confesso que essa me parece uma postura um pouco precipitada e, sem dúvida, contrária à vontade dessa avó que você tanto adora. Em vez disso, por que não tentar aproveitar o tempo que lhes resta e aprender com ela o amor, a bondade e a caridade? Ela pode ensiná-la a jogar, não é mesmo? A melhor homenagem que você pode prestar-lhe agora é mostrar que você aprendeu. Estou certo de que ela a ama e espera que você não desista deste jogo.

Um grande abraço,

Estranho

Uma companheira indesejada

30/07/2015

Caro Estranho,

O motivo pelo qual escrevo talvez seja o mesmo de muitas outras pessoas. Eu me sinto solitário e não consigo falar com ninguém próximo a mim. Sempre me considerei extrovertido e brincalhão, porém, quando tudo fica mais sério, essa personalidade some por completo. Fico introspectivo ao extremo, de uma maneira que sei que é prejudicial. Passo a remoer tudo de ruim que já aconteceu comigo e me culpo até mesmo pelo que não está ao meu alcance.

Já procurei ajuda profissional. A psicóloga que me atendeu me encaminhou a um psiquiatra, como "potencialmente depressivo". Algo que, mais tarde, foi confirmado por ele. Não demorou muito para que ele me prescrevesse uma medicação, o que me afugentou logo na primeira consulta. Na época, eu ainda acreditava em mim e pensava que seria capaz de vencer o que quer que fosse sozinho, sem a utilização de qualquer remédio, pois sei que eles têm efeitos desagradáveis.

Somado a tudo isso, sempre houve o receio de ser julgado. Nunca quis ser o "doente" ou, pior ainda, o "louco" da turma. Não sei o quanto você pode me ajudar, mas esta é uma tentativa válida. Ter com quem conversar de maneira anônima e poder mostrar quem eu realmente sou. Mesmo que você não me responda, agradeço o alívio momentâneo que escrever esta carta me trouxe.

Muito obrigado,

Lucas

Caro Lucas,

Certa vez, a caminho do trabalho, fui tomado por um pensamento não muito comum. "Se eu bater o carro em um poste qualquer, talvez consiga resolver tudo isso sem desapontar ninguém." Foi o que se passou pela minha cabeça naquela manhã, em plena avenida Sumaré, em São Paulo, antes de eu pegar o próximo retorno e voltar para casa.

Algumas horas depois, tentava explicar a um psiquiatra como tudo na minha vida, de repente, havia perdido o sentido. Nada mais me interessava e tudo tinha se tornado trabalhoso demais. Meu único companheiro, àquela altura, era um medo constante e sem qualquer fundamento. Foi naquela tarde de 2005 que comecei a me envolver com a depressão.

Ao longo da última década, eu e ela vivemos um relacionamento conturbado, porém necessário. Como você pode imaginar, consultei outros médicos, tomei muitos medicamentos, aprendi a lidar com um ou outro efeito colateral e fui apresentado a mais de um terapeuta. Não foi bonito, tampouco legal, mas foi o período da minha vida em que mais aprendi.

O que tenho a dizer a você, Lucas, é que não adianta lutar contra a depressão. Todas as vezes em que tentei me esconder ou fugir dela, ela se tornou mais forte. É uma doença sobre a qual muito pouco sabemos, mas que tem tratamento. Então, por que não o fazer? O segredo, meu caro, é aceitá-la. Como uma companheira indesejada, que estará sempre por perto.

Assumir que tenho depressão foi como sair do armário pela segunda vez. Digo isso, pois também há, em torno dela, uma série de ideias equivocadas e que precisam ser superadas. Não é frescura. Não é preguiça. Não é fraqueza. Não é loucura. Não é errado. Não é mentira. Esqueça todos os rótulos, Lucas. A vida é curta demais para ser limitada por qualquer um deles.

Sabe o que mais? Sou muito grato por tudo que vivi até hoje. Por favor, não reduza esta carta a um papo de autoajuda, nem pense que faço um elogio à depressão. Nada poderia estar mais errado do que isso. No entanto, aceitá-la foi o que me permitiu estar aqui com você. Apesar de indesejada, nunca uma companheira me ensinou tanto sobre o amor e a empatia.

Um grande abraço,

Estranho

A menina que se cortava

14/12/2015

Caro Estranho,

De uns anos pra cá, tenho me sentido um tanto sozinha. Confesso que tenho vários amigos, uma família grande que me ama, mas, ainda assim, me sinto só. Por mais que pareça estranho uma menina que tem oito irmãos se sentir solitária, é como eu me sinto.

Às vezes, tenho vontade de conversar com alguém ou só pedir um abraço. Porém, não sei demonstrar afeto. Pareço dura e fria, mas sou um poço de sentimentalismo. Não sei viver sozinha, mas também não sei fazer com que as pessoas se aproximem e gostem de mim.

Há alguns anos, para suprir essa necessidade de ter alguém ao meu lado, para diminuir essa angústia de não ter ninguém, eu comecei a me cortar. "Uma dor para aliviar outra dor." É o que eu repito em pensamento, toda vez que faço isso, para não me sentir culpada.

Já faz algum tempo que não me corto. Minha família descobriu e tem tentado me ajudar. No entanto, quase todo dia, eu acordo com vontade de me cortar para encarar mais falsidade, mais fingimento e tudo aquilo que não gosto de fazer, mas faço porque é necessário.

Obrigada pela atenção,

Bruna

Cara Bruna,

Logo que entrei na faculdade, antes mesmo do início das aulas, conheci uma menina que, em muito pouco tempo, se tornou uma grande amiga. Vou chamá-la de Karen. Um dos veteranos tinha acabado de raspar todo o meu cabelo e, ao contrário do que manda o protocolo dos trotes universitários, eu não estava muito feliz com aquilo. Foi então que minha nova colega se aproximou e me ajudou a limpar os ombros e as costas. Um inesquecível gesto de empatia, de alguém que havia me conhecido algumas horas antes.

Bem diferente de mim, a Karen era excepcionalmente extrovertida. Não tocava violão muito bem, mas sabia contar piadas como ninguém e tinha uma gargalhada maravilhosa e contagiante. Peço até perdão, pois, para descrevê-la aqui, o excesso de adjetivos se fez necessário. Enfim, bastaram algumas semanas para que a Karen se tornasse representante de sala e conquistasse a simpatia de quase toda a turma. Ela morava sozinha em São Paulo, e adorava encher o apartamento de amigos para bater papo e tomar cerveja.

Após um desses intermináveis encontros, enquanto todos se preparavam para ir embora, a Karen pediu discretamente que eu ficasse mais um pouco, pois ela queria conversar. Foi naquela noite que eu a conheci de novo. Ela me contou que se sentia extremamente solitária e que, às vezes, quebrava alguma das garrafas que tínhamos acabado de beber para, com os cacos dela, fazer cortes superficiais no próprio corpo. A maior parte deles, escondida nas coxas. "Uma dor física para suportar toda a dor emocional", ela me disse.

É óbvio que me lembrei dessa história ao ler a carta que você me escreveu, Bruna. Na ocasião, recomendei à Karen que procurasse um médico ou um psicólogo, e é exatamente isso que sou obrigado a sugerir que você faça, minha cara. A automutilação é uma questão complexa e deve ser tratada com a ajuda de um especialista. Ao mesmo tempo, quero que você preste atenção e entenda que, assim como a minha amiga, você é muito mais do que isso. Portanto, peço, por favor, que você jamais aceite o rótulo que dá título a esta carta.

Em ambos os casos, como você deve ter notado, o problema que está por trás desse comportamento aparentemente anormal é a solidão, Bruna. É sobre isso que posso e quero falar com você. Ironicamente, você não está sozinha. Todo ser humano é essencialmente solitário. A diferença está na forma com que cada um lida com isso. Eu sei como você se sente. Você não é uma pessoa "dura e fria". Nem fresca, nem ingrata, nem louca e nem suicida. Você é apenas alguém que está com medo de se colocar no mundo. Alguém que, no fundo, só quer ser amada pelo que é, como todos que me escrevem.

Por isso, eu lhe pergunto. Quem é você? O que há dentro da menina que acorda com vontade de se cortar? O que você curte fazer? Do que você não gosta? Posso lhe pedir um favor? Mande-me uma segunda carta. Nela, de forma sincera e transparente, tente me apresentar outra Bruna. A melhor Bruna possível. Afinal, eu me recuso a aceitar que você seja somente alguém que se automutila. Isso diz muito pouco sobre você. É apenas um comportamento. Você certamente já foi, e ainda pode ser, a Karen de alguém. Aliás, por falar nela, saiba que hoje ela está bem. Estou certo de que você também ficará.

Um grande abraço,

Estranho

Viver sempre vale a pena

26/08/2016

Caro Estranho,

Estou no fundo do poço. Às vezes, tenho vontade de me jogar de uma janela ou na frente de um carro e morrer logo. Sabe quando você sente que não pertence a lugar nenhum? É como me sinto todo dia. Eu visto uma máscara. Porém, por dentro, parece que tenho morrido aos poucos. Eu não aguento mais. Só quero saber quando minha vida vai dar certo.

Obrigada desde já,

Roberta

Cara Roberta,

Você tem noção de que, a cada 40 segundos, uma pessoa se mata no mundo? E que, para cada ser humano que tira a própria vida, outros 20 tentam se matar? É bem verdade que, após ler a carta que você me escreveu, hesitei em respondê-la. No entanto, apesar da delicadeza do tema, estou certo de que não podemos mais ignorar esse tabu. O suicídio é um problema sério e silencioso que muitos fingem não ver. Portanto, precisamos falar sobre ele e, com algum receio, como sempre, vou tentar fazer aqui o melhor que puder.

O que me leva a querer debater o assunto é, sobretudo, o fato de saber que, em 90% dos casos, o suicídio está ligado a alguma doença mental que pode ser diagnosticada e tratada. Diante dessa e de outras estatísticas, eu pergunto a você. Por que falamos tão pouco sobre isso? Por que esses dados são varridos para baixo do tapete? Para mim, só há uma maneira de prevenir o autoextermínio, e é certamente por meio da informação. Temos de trazer a discussão à tona. Sem julgar e muito menos romantizar a realidade.

Tanto a psicologia quanto a sociologia já nos ensinaram que o suicídio, geralmente, é uma resposta a um grande desencanto com a vida, a uma sensação de não pertencimento. E é justamente isso que você me diz sentir, não é mesmo? Contudo, Roberta, você não está sozinha. Todos nós sofremos, vestimos máscaras e, às vezes, nos sentimos mortos por dentro. Não quero com isso, de forma alguma, minimizar o que você sente. O que você pode fazer é procurar ajuda. É conversar sobre isso, como temos tentado fazer aqui, agora. Tenha em mente que você está em uma fase ruim, mas que viver sempre vale a pena.

Na carta que chegou até mim, você me pergunta quando é que a vida vai dar certo. Porém, infelizmente, não sou capaz de respondê-la, minha cara. Acho, inclusive, que a graça da vida está no fato de que ela pode dar certo ou errado a qualquer momento. De um instante a outro, tudo muda, mas nunca para sempre. Por isso, o que tenho a lhe oferecer neste momento é a minha escuta amorosa e empática. O único conselho que posso lhe dar é que você volte a me escrever. Seja hoje mesmo ou daqui a um ano. Quando você quiser.

Um grande abraço,

Estranho

A força que há dentro de nós

14/02/2021

Caro Estranho,

Sofro de ansiedade e depressão. Às vezes, acordo de mau humor e não tenho vontade de fazer nada. Só quero ficar sozinha no quarto para descansar e dormir um pouco. A minha família tenta me ajudar em vão, e todos sofrem bastante. Tento me manter em pé e fazer algo, mas quase nunca consigo. Não quero desistir. Ao mesmo tempo, não quero existir. O que você acha que devo fazer?

Obrigada,

Flávia

Cara Flávia,

Há cerca de um ano, dei entrada em um pronto-socorro com uma forte dor nas costas. Entre um exame e outro, tive de ser internado e descobri que estava com nada menos do que dez vértebras fraturadas. Fui submetido a uma cirurgia na coluna e, então, recebi um diagnóstico de osteoporose precoce. O pior é que, após o procedimento, aquela dor não foi embora. E nem sei se vai. Agora mesmo, ela está comigo, enquanto escrevo para você. Não há nada que eu possa fazer, minha cara. A minha única opção é ir adiante com ela.

Além dessa dor, se você me acompanha há algum tempo, deve saber que também convivo com a ansiedade e a depressão. A primeira faz com que eu me sinta preso à minha própria mente o tempo todo e me impede de olhar para fora. A segunda acaba com qualquer interesse ou motivação e torna tudo custoso demais. Uma se mistura e se confunde com a outra e, juntas, elas me transformam em alguém de quem não gosto nem um pouco. Já faz alguns anos que trato ambas com um especialista e, apesar delas, ainda sigo em frente.

Como quase sempre, o que tenho a lhe dizer talvez seja pouco. O meu objetivo é apenas lhe mostrar que, mesmo com a ansiedade, a depressão e a dor, não tenho outra escolha, senão viver um dia de cada vez e fazer o melhor que eu puder. E o mesmo vale para você, minha cara. Conheço esse lugar de onde você me escreveu e tenho certeza de que você tem razão ao dizer que não quer desistir. Sei que é cansativo tentar, mas é o que você deve fazer agora. Quando não conseguir, sem problema. Descanse, respire e tente de novo.

Senti a necessidade de compartilhar esses pedaços da minha história, não para me comparar a você ou servir de exemplo, e sim para me colocar como alguém com quem você pode contar. Estamos juntos, Flávia. Assim como a minha dor, que já se tornou crônica, a ansiedade e a depressão não têm cura. Porém, a boa notícia é que todas elas têm tratamento. Então, o que nos resta fazer é isso. Buscar ajuda e seguir adiante, apesar delas. A força necessária para isso está dentro de nós. Acredite em mim, pois eu acredito em você.

Um grande abraço,

Estranho

Há sempre uma outra saída

07/09/2017

Caro Estranho,

Sou uma jovem que ama ouvir música, ler muito e escrever. O problema é que, na verdade, eu gostaria de nem ter nascido, apesar de saber que não dá para voltar ao passado. No entanto, eu vejo uma saída no suicídio. Tenho vontade de cometê-lo, mas me falta a coragem suficiente.

Obrigada por tentar ajudar,

Duda

Cara Duda,

Como alguém que tem na depressão uma companheira indesejada, o que me cabe lhe oferecer aqui é a minha mais profunda empatia. Tenho uma ideia do que se passa aí dentro e tudo o que posso fazer é lhe garantir que isso vai melhorar. Acredite em mim. Nenhum sofrimento, por maior que pareça, dura para sempre. E isso não é autoajuda, e sim a verdade. Com calma, paciência e uma inabalável perseverança, estou certo de que você será capaz de superar seja lá o que for, pois você é bem mais forte do que imagina ser.

O suicídio não é um ato de coragem. Menos ainda, de covardia. Também não se trata de uma forma de chamar a atenção ou se vingar de alguém. Dar fim à própria vida é uma atitude desesperada que, quase sempre, tem a ver com algum transtorno psíquico grave que pode ser diagnosticado e tratado. Antes de tudo, portanto, é importante você entender isso e procurar uma escuta especializada e a ajuda de um médico ou psicólogo. Espero que esta carta seja apenas o começo de um longo caminho de cura e autoaceitação.

É com bastante cuidado e um pouco de medo que respondo esta mensagem, mas sinto que se faz necessário trazer o assunto à tona, Duda. O suicídio é um tabu que precisa ser mais discutido.

Por isso, não pude ignorá-la e estarei aqui para ouvi-la quando você quiser. Você pode até não acreditar, mas me preocupo com você neste momento. Afinal, o sofrimento de qualquer homem ou mulher me afeta, porque também sou um ser humano. Ou seja, consigo imaginar como você se sente e vejo que você quer conversar e ser ouvida.

Antes mesmo de mencionar o suicídio, você me contou que ama ouvir música, ler muito e escrever, não é mesmo? Então, aproveite isso, minha cara. A verdadeira Duda está aí. É alguém sensível e que tem algo a dizer. E quer saber? O mundo quer ouvi-la. Você só não conseguiu se comunicar com ele ainda. Contudo, isso há de acontecer no tempo certo. Desde já, estou ansioso pela carta em que você me dirá que está tudo bem. Só peço que você procure ajuda e esteja certa de que, diante do desespero, há sempre uma outra saída.

Um grande abraço,

Estranho

O inferno particular da ansiedade

23/08/2018

Caro Estranho,

Eu sofro de transtorno de ansiedade. Notei isso há um tempo e sei que não é de agora. É um incômodo na minha vida. A ansiedade me faz chorar, traz uma sensação de inferioridade e um enorme medo de fazer tudo. Como cumprimentar alguém. Para mim, é algo mais do que difícil. Quando vejo um conhecido, na mesma hora, sinto um certo desespero. Por isso, chego até a mudar de rota para evitar que isso aconteça. É estranho, mas isso me consome e me priva. Tenho a impressão de que vou estragar tudo a qualquer momento. O que você tem a me dizer?

Obrigada,

Luma

Cara Luma,

Eu entendo como você se sente. Conheço a sensação de parecer inadequado, insuficiente e incapaz. De nunca ser o bastante para nada e para ninguém. Compreendo a vontade iminente de cair no choro, o medo de encontrar alguém e falar algo errado, o impulso de pedir desculpa por nada, a necessidade de mentir para poder dizer que está tudo bem e, ainda por cima, a incapacidade de pedir ajuda por não saber ao certo o que se passa. Também já senti a boca secar, a garganta fechar, a mão suar e o estômago revirar. Enfim, você não está sozinha, minha cara. Eu sei o que é viver no inferno particular da ansiedade.

Você está certa ao dizer que tudo é mais difícil para quem sofre de ansiedade. Qualquer tarefa, por mais leve que seja, logo se torna algo pesado. Assim, a arrumação da casa fica para depois, a roupa se acumula no tanque, o trabalho é entregue em cima da hora e o encontro com aquela amiga, mais uma vez, é adiado. Você sabe por que isso acontece? É simples. Todo ansioso é, de alguma forma, um perfeccionista. Alguém que se monitora o tempo todo e quer ter controle sobre tudo. Ainda que isso seja obviamente impossível, não é mesmo? Você consegue entender agora por que tudo parece mais custoso para você?

O importante, minha cara, é você perceber que, neste momento, você está voltada para dentro de si. Afinal, a única paisagem que o ansioso enxerga é a própria mente. Um cenário bagunçado, confuso e imperfeito. E é isso que a faz querer evitar qualquer contato com o mundo externo e mudar de rota para não cumprimentar um conhecido. No fundo, você não quer que ninguém descubra ou invada o tal inferno particular. Portanto, antes de tudo, eu peço que você, por favor, procure uma ajuda especializada. Na verdade, isso é o que mais importa, pois há tratamento para a ansiedade.

"O que você tem a me dizer?" É o que você pergunta na carta que me mandou. Além do que já recomendei, quero sugerir também que você tente desviar um pouco o olhar e, sobretudo, a atenção para fora de si. Sem dúvida, o autoconhecimento é necessário, mas não se feche em um único mundo. Quando possível, ignore o monólogo persistente da ansiedade. Não deixe que ela a defina, pois você é muito mais do que uma ansiosa, Luma. Por um segundo que seja, pare de pensar. Só respire fundo e observe. Enfim, vale tudo para escapar de qualquer armadilha criada pela própria mente. Seja generosa consigo e abra mão da ideia de perfeição. Com o tempo, você verá que você é alguém suficiente, sim.

Um grande abraço,

Estranho

Uma grande sentença de vida

16/01/2020

Caro Estranho,

Há quatro anos, convivo com o HIV. Conheço mais gente na mesma situação e, na maior parte do tempo, consigo encarar bem o problema. Sigo o tratamento adequado e estou sempre disposto a aconselhar e dar força a quem eu amo. No entanto, a questão é que, quando se trata de mim, tudo isso muda. Toda vez que perco alguém ou penso na preocupação que causei à minha mãe e ao meu pai, o meu mundo vem abaixo. Só quero me afastar e chorar. Também tenho medo da morte precoce. O fato de poder desabafar ajuda, mas acho que preciso ouvir algo que me dê um amparo.

Obrigado,

Roger

Caro Roger,

Não sou um soropositivo, ou seja, um portador do HIV. Portanto, não posso e nem devo ocupar o lugar de onde você me escreveu. O que pretendo fazer neste espaço, como toda vez, é um esforço empático. Quer dizer, uma tentativa de praticar a compaixão e, quem sabe, oferecer algum amparo, como você me pediu. Dito isso, devo acrescentar que, após ler a carta acima, sob anonimato, optei por mostrá-la a um grande amigo, que se encontra na mesma situação que você, mas há cerca de dez anos. Apenas para efeito de narrativa, vou chamá-lo aqui de Fred. Tive uma longa conversa com ele, e é com base nela que gostaria de tentar acolhê-lo.

"Você talvez não, mas eu entendo como ele se sente." Essa foi a reação do Fred, após ler a carta que você me mandou. Desde já, vale lembrar que o meu amigo não é um porta-voz de todo mundo que convive com o HIV, certo? Então, ele me contou também que, além do óbvio preconceito, o que mais pesa na vida de um soropositivo é uma constante sensação de culpa, por achar que fez algo errado ou desapontou alguém. Caso isso também se aplique a você, Roger, sugiro que tente superar essa ideia o quanto antes e, claro, procure ajuda. O que sei é que você não cometeu qualquer erro e não tem como controlar o que cada um pensa sobre você.

Quanto ao estigma da morte precoce, o Fred me surpreendeu. De acordo com ele, algum tempo após o choque da descoberta, a ideia de morrer a qualquer momento se tornou algo libertador. "Nem sei se existe essa expressão, mas hoje eu encaro isso como uma grande sentença de vida", disse ele. "De repente, tudo ficou mais intenso e urgente", continuou. "Fui tomado por uma vontade maior de viver e passei a dar mais valor ao que, de fato, importa." O que você acha, Roger? Para mim, parece uma forma positiva de encarar a realidade, não é mesmo? Além disso, a verdade, por maior que pareça o clichê, é que ninguém conhece o amanhã.

Da minha parte, tenho muito pouco a lhe dizer, Roger. Ou melhor, quase nada, além do que escrevi. Nesta carta, achei melhor ceder o espaço ao Fred e apenas aprender com a conversa. No fim, ele ainda acrescentou que também se preocupa com a família e, sobretudo, com a própria saúde. Por isso, só peço a você que nunca deixe de seguir o tratamento, meu caro. "Estou satisfeito com a minha vida." Foi o que ele me falou com um sorriso no rosto. Quando perguntei o que ele gostaria de dizer a você, ele me deu apenas um conselho. "Diga para ele ter em mente, o tempo todo, como um mantra", encerrou. "Eu me amo, eu me perdoo."

Um grande abraço,

Estranho

Um trem com destino à morte

13/10/2014

Caro Estranho,

Estou prestes a morrer. Descobri um aneurisma inoperável na aorta. É só uma questão de tempo. Quando ele se romper, nada poderá ser feito. Já imaginou como vive uma pessoa consciente da própria morte? Vamos lá. Converse comigo.

Sem mais,

Ernesto

Caro Ernesto,

Confesso que a carta que você mandou me pegou desprevenido. Foram poucas as vezes nas últimas semanas em que consegui não pensar nela. Um tanto atordoado, cheguei à conclusão de que, assim como você não está pronto para morrer, eu não estou preparado para respondê-lo. No entanto, o confronto se faz inevitável para ambos. Se apesar do medo, você me escreveu, é justamente por causa dele que devo tentar fazer o melhor que eu puder.

Não tenho como me colocar no lugar em que você se encontra, Ernesto. Pelo menos, não por enquanto. Não consigo imaginar o que é descobrir um aneurisma inoperável na aorta e sinto muito pela notícia. Contudo, devo agradecer-lhe por me fazer ponderar e, sobretudo, falar sobre a morte. Algo que acredito ser urgente neste mundo obcecado pela juventude. Querer fugir desse encontro inevitável ou ignorá-lo, além de inútil, não me parece ser a melhor opção.

Eu também vou morrer, Ernesto. Perdoe-me, mas nem sempre sou capaz de aceitar algo tão óbvio. Na verdade, logo que nascemos, começamos a nos despedir desta vida, não é mesmo? Para mim, também é só uma questão de tempo. É compreensível que você pense estar mais próximo do fim do que eu, mas isso é uma ilusão. O aneurisma está aí, porém não se sabe quando, ou mesmo se, haverá um acidente. Pode ser que isso nunca aconteça. Não da forma que você imagina. Estamos em um mesmo trem, mas em vagões diferentes, meu caro. Um trem com destino à morte.

Sob o risco de parecer insensível, posso até dizer que você se encontra em uma posição privilegiada. Dentro deste contexto, não vejo por que não. Sem dúvida, é duro de encarar, mas esse diagnóstico pode e deve obrigá-lo a valorizar ainda mais a vida. Tente encará-lo como um aceno do futuro. Um *memento mori*, como costumavam dizer os romanos. Ou seja, uma lembrança constante de que nós morreremos e, exatamente por isso, devemos seguir em frente e aproveitar melhor o tempo que nos resta. Nem todo mundo tem essa consciência, Ernesto. Sei que é pedir muito, mas espero sinceramente que você consiga desenvolvê-la.

Estou convencido de que é no confronto direto com a morte que a vida se torna mais intensa. Pode ser só uma impressão egoísta, mas quase sempre noto alguma leveza naqueles que estão prestes a dizer adeus. Quem enxerga o fim do trilho não perde tempo e dá valor ao que de fato importa. Abre mão do apego, resolve qualquer pendência e entende que esta jornada só faz sentido por causa do amor. O medo pode até estar lá, e é natural que esteja, mas não há nada a perder.

Portanto, meu caro, o meu desejo é que, enquanto esta vida durar, ela seja longa e tranquila para você. Quando a morte chegar, não espero que ela o encontre de malas prontas. A verdade é que ninguém nunca estará. Peço apenas que você esteja presente e atento a cada parada desta viagem inerente a todos nós. Faça valer a pena, Ernesto. A morte não é o oposto da vida. Não há como separá-las. No fundo, elas são uma só. Por isso, viva. Tanto uma quanto a outra.

Um grande abraço,

Estranho

#posfacio

Um posfácioestranho

20/07/2021

Caro Estranho,

Neste exato momento, estamos transbordando de alegria com a realização desse sonho de tornar o seu projeto neste maravilhoso livro estranho. Desculpe-nos pelos adjetivos, eles são inevitáveis e imprecisos para tudo o que queremos expressar, e você já vai saber o porquê.

Quando fundamos a LiteraRUA, nossa motivação e nosso propósito sempre foram proporcionar vozes para pessoas invisibilizadas, tanto pela norma padrão da nossa língua quanto pelo que elas representam para uma sociedade excludente, que oprime e não tolera o que é estranho aos dominantes.

Temos um tremendo orgulho de cada livro que lançamos à luz do mundo, ostentando capas com negros, pobres, mulheres, artistas de uma cultura de RUA, a dita literatura marginal, e tudo o que não estávamos acostumados a encontrar nas prateleiras das livrarias.

É por isso que esta publicação é tão fundamental para nós, especialmente neste momento. Entende?

Apesar de todo o espírito libertário que nos move, precisamos admitir, ainda que encabulados, que esta é a primeira publicação nossa com um autor homossexual, e nos desculpe os rótulos, às vezes são a nossa única ferramenta política.

O livro que o leitor agora tem em mãos e a íntegra de sua produção, Caro Estranho, é uma vacina para os dias duros que enfrentamos e as atribulações a que estamos acometidos devido à pandemia e ao isolamento que aflige toda a humanidade neste momento, e em especial nós, brasileiros.

As modernidades digitais que deveriam conectar as pessoas como uma grande irmandade, no fundo, têm se tornado uma arena de ódio e intolerância. Por isso, o seu blog é um oásis, a exceção que se destaca à regra.

Ansiedade, depressão, síndrome do pensamento acelerado, além de angústia e medo, são grandes epidemias e ninguém está ileso.

É por tudo isso que este livro coloca em prática um conceito chamado biblioterapia e potencializa a missão original de uma pequena editora independente, fundada por amigos de infância que jamais se conformaram com a indiferença e a injustiça.

Esta obra é tão significativa para nós, a ponto de se tornar pioneira em nosso novo selo. Para revolucionar as RUAs, precisamos primeiro cuidar da nossa CASA. Autocuidado para nós, a partir de agora, é **LiteraCASA**.

Fique bem e obrigado,

Editores Estranhos

Não tenha medo de procurar ajuda:

Centro de Valorização da Vida
Ligue: 188 (ligação gratuita)
www.CVV.org.br

Centro de Atenção Psicossocial
Entre em contato com o CAPS de sua região

---

www.**caro**estranho.com